W0195198

Spurensuche im Land der Etrusker
und der Renaissance

TOSKANA

Heinrich Pleticha / Wolfgang Müller

FLECHSIG

Umwelthinweis:
Dieses Buch und der Umschlag wurden auf chlorfrei
gebleichtem Papier gedruckt.
Die Einschrumpffolie – zum Schutz vor Verschmutzung –
ist aus umweltverträglichem und recyclingfähigem PE-Material.

Titelbild:
Blick auf Sovana in der Südtoskana

Rückseite:
Dom Santa Maria, Pisa

Genehmigte Lizenzausgabe für Flechsig-Buchvertrieb
im Verlagshaus Würzburg GmbH & Co. KG, Würzburg
© Verlag Herder GmbH & Co. KG, Freiburg
Einbandgestaltung: Förster Illustration & Grafik, Würzburg
Gesamtherstellung: Egedsa, Sabadell
Printed in Spain 2001
ISBN 3-88189-390-3

Inhalt

Vorwort –
Spurensuche

Etrusker, Römer, deutsche Könige und Kaiser, Päpste, Söldnerführer und Soldaten, Poeten, Kaufleute und Bankiers, Weltgeistliche und Mönche und natürlich zahllose Künstler, angefangen von den unbekannten Meistern der Romanik über die Maler, Bildhauer und Architekten der Gotik und der Renaissance bis zu den Künstlern unserer Tage, haben die Geschichte und die Kultur der Toskana geprägt. Ihren Spuren zu folgen fällt nicht schwer.

Eine Spurensuche will auch dieses Buch bieten, nicht mehr. Bei der Fülle der Werke, die in den letzten zweihundert Jahren über die Toskana und vor allem über ihre Kunst geschrieben wurden, erscheint solche Beschränkung schon sinnvoll. Sie ist sogar notwendig, um dem Leser und Reisenden den Weg zu erleichtern, die großen Linien und die Schwerpunkte aufzuzeigen.

Die Bilder dazu bieten Impressionen einer der wohl schönsten Landschaften Italiens, ihrer Kultur und ihrer Kunst. Die Texte geben Anregungen zu eigener individueller Spurensuche. Sie können und wollen gute Reiseführer nicht ersetzen. Diese sind vielmehr die Voraussetzung für jede sinnvolle Spurensuche. Dazu aber führen eben verschiedene Wege durch die Toskana.

Allein eine Fahrt auf den Spuren der Etrusker ist eine Reise wert und garantiert manche Überraschungen. Man kann auch den Spuren deutscher Geschichte folgen, wenn man, wie einst die Pilger oder die Ritter, auf der alten Frankenstraße durch die Toskana zieht, von der Lunigiana im Norden bis hinunter nach Radicofani an der Grenze Latiums. Warum sollen wir nicht auch einmal Dante Alighieri, den großen Sohn der Toskana, als Reisebegleiter durch seine Heimat wählen, so wie er sie in guten und bösen Tagen durchquerte? Wir können den Spuren der Medici folgen und dabei den Aufstieg und den Niedergang dieser Familie miterleben, die wie keine andere die Geschichte der Toskana geprägt hat. Wir begegnen einer Katharina von Siena und einem Bernhardin, einem Savonarola und Galileo Galilei, natürlich den zahlreichen Künstlern und ihren Werken. Wir können uns auch in die lange Reihe illustrer Touristen einreihen und mit ihnen Land und Leute kennenlernen.

Wer dem in neun Kapiteln aufgezeigten Weg kreuz und quer durch die Toskana folgt, wird unschwer erkennen, daß es da noch viel mehr zu suchen und zu entdecken gibt. Vielleicht werden nur Erinnerungen aufgefrischt, vielleicht aber auch neue Anregungen gewonnen.

Einem Buch sind in seinem Umfang Grenzen gesetzt, dem Einfallsreichtum des Reisenden und seiner Suche aber nicht.

Brücke über den Serchio bei Lucca.
Stich (19. Jh.)

Begegnungen mit der Toskana

sind so vielförmig wie diese italienische Landschaft und ihre Städte, deren Reichtum an Geschichte, Kunst und Kultur seit Jahrhunderten die Besucher fasziniert.

Menschen in der Toskana vor 2000 Jahren: Die Köpfe der Terrakottagruppe auf dem Deckel einer etruskischen Urne aus dem 1. Jh. v. Chr. sind eigenartig realistisch betont. Zwar handelt es sich nicht um die echten Porträts der Toten, deren Asche hier beigesetzt wurde, aber es scheint, als könnten wir ihren Vorbildern auch heute noch draußen auf der Straße vor dem Museum in Volterra begegnen.

Die vielgestaltigen Gräber der Etrusker erinnern an jenes Volk, das dem Land seinen Namen gab. Die „Tomba Ildebranda" in Sovana wurde Ende des 3. Jhs. v. Chr. geschaffen. Die Bewohner Sovanas benannten sie als „Grab Hildebrands" nach jenem Sohn dieses kleinen Ortes, der im 11. Jh. als Papst Gregor VII. den Stuhl Petri bestieg. So vereinen sich die Erinnerung an Antike und Mittelalter.

Rechts: Landschaft bei Grosseto im Süden der Toskana. Pinien und Zypressen säumen die Straße.

Lucca: Jeder Bogen in der Fassade von San Michele in Foro aus der 1. Hälfte des 13. Jhs. ist prachtvoll gegliedert. Der lombardische Baumeister Giudetto, dem das Werk zugeschrieben wird, nahm sich dabei den Dom des benachbarten Pisa zum Vorbild.

Rechts: Auch das Meer prägt die Landschaft der Toskana. Castiglione della Pescaia, vielbesuchter Badeort am Tyrrhenischen Meer in der Nähe von Grosseto, wird von einem wuchtigen Kastell überragt, das einst über Stadt und Hafen wachte.

Hügel, Wiesen und
Felder, vereinzelte
Gehöfte dazwischen
und im Hintergrund
die Silhouette
des Appennin –
das ist das Land
bei Casciana Terme
südwestlich von
Florenz.

Im Süden der Toskana liegt hoch über den Flußtälern des Ombrone und des Asso das Städtchen Montalcino. Es war schon in etruskischer und römischer Zeit bekannt, genoß im Mittelalter als freie Kommune Ansehen und kam später zum Großherzogtum Toskana. An den Hängen des Städtchens gedeiht der Brunello di Montalcino, der als einer der besten Rotweine Italiens gilt.

Antiquitätenmarkt auf der Piazza Grande, dem Hauptplatz in Arezzo. Die Händler bieten gleichermaßen Plunder und reizvolle Stücke vor dem Palazzo Cafani feil. Der Platz erhielt sein heutiges Aussehen schon im Spätmittelalter. Franz von Assisi beendete der Legende nach einen Bürgerkrieg in dieser Stadt.

Die Toskana ist eine
Schatzkammer der
Künste, wie man sie in
ganz Europa nicht
mehr findet. Jahrhun-
dertelang wetteiferten
die kleinen und großen
Städte miteinander,
förderten Künste und
Künstler, so daß hier
Werke von einmaliger
Schönheit entstehen
konnten.

Links die Kanzel im
Dom zu Pisa, 1302-11
von Giovanni Pisano
geschaffen, das bedeu-
tendste Werk gotischer
Bildhauerkunst in
Italien.

Rechts eine der
Fresken in der Libreria
Piccolomini im Dom
zu Siena, mit denen
Pinturicchio 1502-1507
das Wirken Papst
Pius II. verherrlichte.
Es zeigt ihn als Erz-
bischof von Siena bei
der Begegnung Kaiser
Friedrichs III. mit sei-
ner Braut Eleonora von
Aragon vor den Toren
der Stadt.

AENEAS FEDERICO III IMP LEONORAM SPONSAM

Vorige Doppelseite: Blick auf die Dächer von Florenz. In der Ruhe des Rosengartens verklingen Lärm und Hast des Fremden-verkehrs. Und seit mehr als einem halben Jahrtausend grüßen die Silhouetten des Palazzo Vecchio und des Domes Santa Maria del Fiore mit dem Campanile von Giotto aus dem 14. Jh. und der um hundert Jahre jüngeren Kuppel Brunelleschis herüber.

Benozzo Gozzoli malte 1459/60 für die Kapelle im Palazzo Medici-Riccardi in Florenz die Wandfresken mit dem „Zug der Heiligen drei Könige". Mit dem jüngsten König schuf er dabei ein Porträt des Medicifürsten Lorenzo Magnifico, der hier im Alter von etwa 12 Jahren in kostbarem Gewand vor einem Zug reitet, dessen Spitze Piero di Cosimo bildet.

Rechts: Zwischen der Front des Palazzo Vecchio und der Loggia dei Lanzi hindurch fällt der Blick auf die alles beherrschende 108 Meter hohe Kuppel des Domes. Acht Marmorrippen laufen an ihr entlang zu einem bündelnden Ring, über dem sich die Laterne erhebt.

Von einem der Geschlechtertürme San Gimignanos blickt man über die Dächer auf die Piazza della Cisterna. Mit ihrem 1346 errichteten Brunnen bildet sie auch heute noch das Zentrum der Stadt, an deren mittelalterlichem Charakter sich glücklicherweise nur wenig verändert hat, zumal die lästigen Autos aus ihr verbannt wurden.

Wo die Gräber sprechen –
Spuren der Etrusker

Um die Mitte des 16. Jahrhunderts entdeckte man durch Zufall in Arezzo zwei Bronzestatuen, eine Chimäre, also ein sagenhaftes Ungeheuer, teils Löwe, teils Ziege und Schlange, und eine Figur der Göttin Minerva. Beide Werke waren offensichtlich von den Griechen beeinflußt, verrieten aber doch eine ganz eigenständige künstlerische Entwicklung. Nur drei Jahre später wurde am Ufer des Trasimenischen Sees eine dritte Bronzeplastik gefunden, der „Redner", wie man ihn nannte. Alle drei Werke stammten aus den Werkstätten der Etrusker, jenes geheimnisvollen Volkes, das einmal vor den Römern weite Teile Mittel- und Oberitaliens besiedelt hatte, das von den Römern besiegt wurde und damit aus der Geschichte verschwunden war, so daß seine Spuren und mit ihnen sein Andenken seit der Spätantike völlig in Vergessenheit gerieten. Zwar merkten einige Künstler auf, bei den Gelehrten dauerte es aber noch fast ein Jahrhundert, bis sie sich allmählich mit den Etruskern, ihrer Kunst und Kultur zu beschäftigen begannen. Die drei Bronzen wanderten in die Sammlungen der toskanischen Großherzöge, die Chimäre wurde im Palazzo Vecchio in Florenz aufgestellt. Erst nach 1870 brachte man sie mit anderen etruskischen Funden in das neue Archäologische Museum in Florenz, wo man sie auch heute noch bewundern kann.

Und hier sollte der Reisende, der den Spuren der Etrusker in der Toskana folgen möchte, auch seine Suche beginnen. Er wird sich längst mit der Geschichte der Etrusker vertraut gemacht haben, wie sie heute in zahlreichen Büchern dargestellt ist. So weiß er wohl, daß dieses Volk, das die Griechen Tyrrhenoi und die Römer Etrusci oder Tusci nannten, und das damit sowohl dem Tyrrhenischen Meer wie der Toskana den Namen gab, vielleicht aus Kleinasien einwanderte, vielleicht aber auch aus Italien selbst stammte. Es besaß eine hohe Kultur, die von den Griechen beeinflußt

wurde und ihrerseits auf Rom ausstrahlte. Er weiß wahrscheinlich ein wenig zumindest über die Geschichte der Etrusker, die durch Ausbeutung von Eisen- und Kupferminen reich und mächtig geworden waren und sich im 7. Jahrhundert zum Zwölfstädtebund zusammengeschlossen hatten, dessen Zentrum in Volsinii, einer heute verschollenen Siedlung östlich des Bolsenasees, lag. Ihren Höhepunkt erreichte die Macht der Etrusker im 6. vorchristlichen Jahrhundert. Damals stand auch Rom unter ihrer Herrschaft. Nach 500 v. Chr. aber setzte gleichzeitig mit dem Aufstieg Roms der allmähliche Niedergang ein, immer stärker gelangten die Etrusker unter römische Herrschaft und römischen Einfluß, bis ihre Kultur im 1. Jahrhundert n. Chr. endgültig erlosch.

Die heutige Toskana gehörte vom Arno ab südwärts zu ihrem Herrschaftsgebiet. Hier haben sie unverkennbare Spuren hinterlassen, die auch jetzt noch von ihrer hohen, eigenartigen Kultur sprechen. Der Besuch des Archäologischen Museums in Florenz bietet deshalb einen großartigen Einblick. Mögen die Funde hier auch nicht so elegant präsentiert werden wie etwa im Etruskischen Museum in der Villa Giulia in Rom, eher etwas verstaubt anmuten, so gehören sie doch zu den sehenswertesten Stücken. Und da sie nach den Fundorten gruppiert sind, erlauben sie auch eine gründliche Vorbereitung.

Um die Kultur der Etrusker in der Toskana kennenzulernen, muß man aber beides sehen, die Funde in den Museen und die Fundorte selbst. Die einen studiert, die anderen genießt man. Selten nur bietet sich Gelegenheit, die Spuren der Vergangenheit so harmonisch in der Landschaft zu erleben, wie in einigen Etruskerorten der Toskana. Noch immer liegen sie abseits des großen Fremdenverkehrs, werden nur von Kennern und Liebhabern aufgesucht, die gelegentlich auch ein paar beschwerliche Wanderungen auf sich nehmen müssen, für die sie aber reich belohnt werden.

Schon im Archäologischen Museum in Florenz fällt dabei eine Eigenart der Etrusker und ihrer Kultur besonders auf. Sie waren ein Volk, das eine ganz eigenartige Beziehung zum Tode und zu den Verstorbenen hatte. Ihre Gräber sind häufig Häuser über und unter der Erde, ihre Friedhöfe gleichen ganzen Städten, in denen die Lebenden die Begegnung mit den Toten suchten. Die Toten wurden in prachtvoll ausgemalten Kammern oder in aufwendig gestalteten Sarkophagen beigesetzt und mit reichen Gaben für das Jenseits versehen. Heute sind diese Gräber geplündert oder bestenfalls von Archäologen systematisch erschlossen, aber noch immer erinnern sie an ein Volk, das fast ein Jahrtausend lang hier in der Toskana lebte, ihr seinen Namen gab und eine Kultur begründete, die lange der römischen überlegen war. Es lohnt sich deshalb, die Enge des Archäologischen Museums in Florenz zu verlassen und hinauszufahren, um seine Spuren zu suchen. Eine Fahrt zu den Stätten der Etrusker ist aber eine Fahrt zu den Toten, eine Reise zu Totenstätten und Gräbern. Sicher begegnen wir auch den Spuren der Lebenden, also den Überresten ihrer Siedlungen, aber von ihnen hat sich weit weniger erhalten als von ihren Nekropolen, die keineswegs Trauer und Resignation ausstrahlen, sondern auch heute noch viel vom Alltagsleben jener Menschen verraten, die sie einmal schufen.

Der eilige Besucher von Florenz muß nur aus der Stadt hinaus und hinauf auf die nördlichen Höhen nach Fiesole fahren, das Phaisola der Griechen und das Faesulae der Römer. Hier lag um die Mitte des ersten vorchristlichen Jahrtausends schon eine etruskische Stadt, von der die Stadtmauer an der Nord- und Ostseite noch recht gut erhalten ist, und gar nicht weit entfernt davon blieben auch die Reste zweier Kammergräber erhalten. Innerhalb der archäologischen Zone kann man im Bereich eines römischen Tempels auch noch Grundriß und Mauern eines etruskischen erkennen.

Aber solche Begegnung mit den Etruskern ist nur den eiligsten Reisenden zuzumuten. Noch finden sich in der Toskana genügend andere und weit schönere Spuren. Da liegt, nur eine Autostunde von Florenz entfernt, auf steilem Hügel über den Tälern von Cecina und Era das alte Volterra, jenes Velathri, das dem erwähnten etruskischen Städtebund angehörte, ein wichtiges Indiz für seine einst große Bedeutung. Allein schon der Spaziergang durch die Stadt und hinaus am Spätnachmittag, wenn die untergehende Sonne die Landschaft in ein goldbraunes Licht hüllt, an ihren Nordwestrand, lohnt die Fahrt; denn dort draußen bieten die Balze, die Hügelabbrüche und Erosionsspalten, einen grandiosen, vor allem zu dieser Tageszeit geradezu unheimlichen Anblick, und man hat das Gefühl, daß man von hier in die Unterwelt zu den toten Göttern der Etrusker hinabsteigen könnte. Mit den Sand- und Gesteinsmassen wurde auch ein großer Teil der Nekropole in die Tiefe gerissen, die hier schon auf die Steinzeit, die sogenannte Villanova-Kultur, vor den Etruskern zurückgeht. In der Etruskerzeit war Volterra eine angesehene Agrarstadt mit etwa 25.000 Einwohnern. Ihre Bürger hatten eine gewaltige Stadtmauer errichtet, mit etwa sieben Kilometern die längste in Etrurien. Auch heute noch sind eindrucksvolle Reste erhalten, die schönste Begegnung mit der etruskischen Welt aber bietet die Porta all'Arco, eines der besterhaltenen etruskischen Stadttore am Eingang zur alten Hauptstraße, dem Cardo Maximus. Die ältesten Teile dieses Tores stammen schon aus dem 4. Jahrhundert, die Bogenkonstruktion ist ein Jahrhundert jünger. Rechterhand gelangt man von hier aus in den archäologischen Park und zur Festung, die

Das Innere eines etruskischen Grabes. Holzstich (um 1875) von G. Bauernfeind

Wappen der Stadt Volterra

Lorenzo de' Medici um 1475 anlegen ließ. Hier, auf dem höchsten Punkt der Stadt, lag, wie uns die Ausgrabungen beweisen, die etruskische Akropolis, der Mittelpunkt des alten Volterra, die wahrscheinlich in der römischen Zeit von Sulla zerstört wurde. Wer den schönen Blick von hier aus über die heutige Stadt genossen hat und noch ins Detail gehen möchte, muß nur das nahegelegene Etruskische Museum besuchen, das kostbare Kleinfunde und vor allem zahlreiche Graburnen birgt. Sie sind großenteils aus Alabaster, einem feinkörnigen, durchscheinenden Gips, der auch heute noch in einigen Werkstätten in Volterra verarbeitet wird. Wer dort einen Handwerker besucht, mag sich um zweieinhalb Jahrtausende zurückversetzt fühlen in die Zeit, als etruskische Handwerker keinen Kitsch für Fremde, sondern die Urnen für die Toten herstellten.

Es ist nicht mehr weit von hier aus an die Küste des Tyrrhenischen Meeres und dann südwärts bis Populonia, der einzigen Etruskerstadt, die unmittelbar am Meer lag. Ursprünglich war dieses Pupluna eine Handelsstadt gewesen, ein wichtiger Umschlagplatz für Kupfer und Bronze, die vorwiegend von der Insel Elba hierher gebracht wurden. Später wandelte es sich zur Industriestadt. In den etruskischen Hochöfen, die unmittelbar am Meeresufer lagen, wurden Kupfer und Eisen, aber auch Zink, Blei und Silber verhüttet. Das Geschäft blühte, und die etruskischen Industriellen sahen sich bald vor das gleiche Problem gestellt wie die moderne Industriegesellschaft – sie wußten nicht, wohin mit dem Abfall. Und damals wie heute siegte das Geschäft. Als die Schlackenhalden immer höher wuchsen, lagerte man sie einfach über die alten Totenstätten der Vorfahren und begrub diese unter dem Industrieabfall. Damit gerieten sie in Vergessenheit, bis nach dem Ersten Weltkrieg eine Firma auf den Gedanken kam, die Schlacken, die infolge der primitiven antiken Ver-

hüttung noch etwa fünfzig Prozent ihres Eisens enthielten, mit modernen Methoden restlos auszubeuten. So wurden die alten Halden abgetragen, und dabei tauchten nach und nach die unversehrten Gräber aus dem Schutt auf. Es sind zumeist mächtige Kuppelgräber, deren größtes einen Durchmesser von mehr als 30 Meter hat.

Heute bilden die grasbewachsenen grünen Hügel zwischen den Resten der rostbraunen Schlakken und vor dem Hintergrund des tiefblauen Meeres ein farbenprächtiges Bild, das man in der Einsamkeit stundenlang genießen kann. In den Gräberhügeln fallen die aus Stein geschnittenen Totenlager auf, die an überdimensionale alte gedrechselte Betten erinnern. Einige der Gräber enthielten kostbare Beigaben, wie etwa die Tomba dei Carri zweirädrige Kriegswagen, die heute im Museum in Florenz ausgestellt sind.

Populonia war eine Doppelstadt, am Meer lag das Industriegebiet, auf einem nahen Hügel aber die eigentliche Siedlung mit der Akropolis. Die Fahrt dorthinauf lohnt; denn von oben bietet sich ein herrlicher Blick weit über das Tyrrhenische Meer und hinunter auf die Schlackenhalden und die Grabhügel am Ufer.

Vetulonia und Roselle, die nächsten beiden Stationen, liegen wieder ein Stück landeinwärts. Auf der alten, schon von den Römern geschaffenen Via Aurelia geht es südwärts und dann ein paar Kilometer abseits hinauf nach Vetulonia, einem der ältesten Orte Etruriens. Aber dieses Vetluna, das schon im 9. Jahrhundert v. Chr. entstanden sein dürfte, verlor seit dem 6. Jahrhundert rasch an Bedeutung und lebte erst dreihundert Jahre später unter römischer Herrschaft wieder auf. Die Spuren der Stadt würden den Weg hier herauf nur für den Spezialisten lohnen, anders die Gräber, die sich hier über den Umkreis von mehr als fünfzehn Kilometern erstrecken. Sie alle aufzusuchen wäre zu schwierig. Die Bauern der Umgebung haben

Wappen der Stadt Grosseto

viele ausgeplündert, die Funde als Altmetall verkauft. Noch aber gibt es einige besonders sehenswerte wie die „Tomba della Pietrera", die einen Durchmesser von 70 Meter und zwei Grabkammern übereinander aufweist. Als die Decke der unteren Kammer eingestürzt war, hatten die findigen etruskischen Bauleute genau darüber eine zweite und dann erst über das Ganze die Kuppel errichtet. In der Nähe liegt die „Tomba del Diavolino 2" (Nr. 1 wurde abgebrochen und ins Museum nach Florenz gebracht). Da die Kuppel hier eingestürzt ist, entstand eine Art Querschnitt, der dem Betrachter wie kaum an einer anderen Stelle in Etrurien einen Über- und gleichzeitig Einblick in eine großartige Grabanlage erlaubt und damit einen Eindruck vom technischen Können der Etrusker vermittelt.

Genießt der Besucher hier schon die Schönheit und Einsamkeit der Landschaft, so wird das alles noch übertroffen beim Besuch von Roselle. Unter den etruskischen Städten ist es die große Ausnahme; denn hier begegnen wir nicht der Stadt der Toten, sondern den Überresten des alten Rusellae, das wie Volterra dem Zwölfstädtebund angehörte. Man muß die Ruinen im Frühling besuchen, wenn ringsum die Wiesen und Hecken grünen und die Bäume blühen. Sie liegen auf einem Hügel, umgeben von einer monumentalen Stadtmauer, die fast in ihrer ganzen Länge von drei Kilometern erhalten ist. Mag es auch stellenweise ein wenig beschwerlich sein, so sollte man doch die wie von Kyklopenhand aufgetürmten gewaltigen Steinblöcke umwandern, gelegentlich dabei ein wenig ausruhen und den in seiner Art einmaligen Zusammenklang von Natur und früher Kultur genießen. An einigen Stellen erreichen die Blöcke eine Höhe von sieben Metern, im Fundament ist die Mauer über zwei Meter breit. Dahinter liegt die Stadt, deren Spuren erst seit 1959 zögernd das Tageslicht erblicken. Viel ist hier noch nicht ausge-

graben, ein Tor, das Amphitheater, die Spuren einer etruskischen und einer römischen Straße. Es ist ein eigenartiges Gefühl, wenn man bedenkt, daß hier unter den Wiesen eine ganze Stadt schlummert und noch ihrer Ausgrabung harrt. In etruskischer Zeit lebte dieses Roselle in erster Linie von der Landwirtschaft, später wurde hier eine römische Veteranenkolonie errichtet. Der Ort schrumpfte, hielt sich aber über die Jahrhunderte, wurde im 5. nachchristlichen Jahrhundert sogar Bischofssitz und erst um die Mitte des 12. endgültig aufgegeben.

Wir kehren über Grosseto zur Küste zurück und besuchen Orbetello mit seiner schönen erhaltenen etruskischen Mauer, die einst diesen Platz an der Lagune schützte. Vor allem aber interessiert uns das nahe gelegene Ansedonia, genauer gesagt, die dortigen Ruinen des antiken Cosa. Lange galten sie als die Überreste einer etruskischen Siedlung, bis moderne Ausgräber nachwiesen, daß es sich hier um eine römische Gründung aus dem Jahre 273 v. Chr. handelt, aber nicht zu Unrecht wird sie auch heute noch in allen Etrusker-Büchern erwähnt; denn der Einfluß dieses Volkes ist überall deutlich spürbar. Die Römer übernahmen von den unterworfenen Völkern, was ihnen nur nutzen konnte. Wahrscheinlich haben etruskische Werkleute die noch deutlich erkennbare kyklopische Mauer errichtet. Und auf etruskische Lehrmeister dürfte möglicherweise auch der berühmte Entwässerungskanal zurückgehen, den man heute noch „Tagliata Etrusca" nennt und der ein Meisterwerk antiker Entwässerungskunst ist. Da die eigentliche Einfahrt in den Hafen früher immer wieder zu versanden drohte, hatte man diesen künstlichen Durchstich angelegt, der für einen beständigen Durchfluß sorgte und dadurch eine Verstopfung des Hafenkanals verhinderte. Wie man sich leicht überzeugen kann, erfüllt er heute immer noch seinen Zweck. Wer ihn bewundert hat, wird nicht versäumen, auch die „Zona archeologica" zu besuchen, in der sich, ähnlich wie in Roselle, die ausgegrabenen antiken Reste und wildwuchernde Pflanzenwelt zu einer pittoresken Einheit verbinden.

Eigentlich müßten wir auf unserer Suche nach den Spuren der Etrusker in der Toskana nun nach Norden in die Maremmen hinein abbiegen, aber zu nahe, keine drei Kilometer südlich der toskanischen Grenze, liegt Vulci, einst eine der bedeutendsten Städte Etruriens. Seine Ruinen und die Nekropole erstrecken sich über ein weites Gebiet in der Maremme. Noch vor dreißig Jahren, als das breite Interesse an den Etruskern kaum erwacht war und es nur wenige gute Fremdenführer gab, bildete der Besuch Vulcis ein kleines Abenteuer. Von freundlichen, hilfsbereiten Landleuten immer wieder mit großen Gesten in die Irre geleitet, konnte man lange nach markanten Punkten suchen. Heute ist es zwar besser geworden, aber man muß schon gut zu Fuß sein und sollte festes Schuhwerk tragen, wenn man sich inmitten der Einsamkeit die Ruinen erwandern möchte.

Vulci gehörte ebenfalls zum Zwölfstädtebund und erlebte seine größte Blüte zwischen dem 7. und dem 5. Jahrhundert v. Chr. Es war von allem in dieser Zeit eines der bedeutendsten Kunstzentren Etruriens. Entsprechend reichhaltig waren hier auch die Funde. Daß leider vieles verlorengegangen ist, hängt mit den seltsamen Ausgrabungsmethoden des 18. und 19. Jahrhunderts zusammen; denn die adligen Großgrundbesitzer der dortigen Gegend ließen unter der Aufsicht bewaffneter Aufseher durch ihre Leute die zahlreichen Gräber öffnen und plündern. Edelmetallfunde und griechische Importwaren wurden gesammelt und verschleudert, alles andere mußte an Ort und Stelle zertrampelt werden!

So berichtet der Engländer George Dennis um die Mitte des vorigen Jahrhunderts: „An der Mündung der Grube, in welcher sie an der Arbeit waren, saß der capo oder Aufseher – seine Flinte lag ihm zur Seite, als ein Wink in terrorem für seine Leute, die Hände sich vom Aufheben und Stehlen frei zu halten. Wir fanden sie auf dem Punkte, ein Grab zu öffnen, die Decke, wie es bei diesem leichten, zerbrechlichen Tuff häufig der Fall ist, war eingefallen, und das Grab mit Erde angefüllt, aus welcher die Gegenstände, die es enthielt, einzeln ausgegraben werden mußten. Dies ist im allgemeinen ein Verfahren, welches große Vorsicht und Gelassenheit erfordert, wovon jedoch hier nichts nötig war, da man an den ersten an das Licht gebrachten Gegenständen sah, daß nichts von Wert hier zu erwarten war. Rohes Töpferzeug ohne Figuren, nicht einmal gefirnißt, und eine Mannigfaltigkeit kleiner Gegenstände in schwarzem Ton, waren der einzige Ertrag. Unserem Erstaunen kam aber nur unser Unwille gleich, als wir sahen, wie die Arbeiter sie auf die Erde warfen, und als Dinge ‚wohlfeiler als Seegras' mit den Füßen zertraten. Vergebens bemühte ich mich zu vermitteln, daß einiges von der Zerstörung geschützt werde; denn obgleich sie keinen in Gold umsetzenden Wert hatten, waren sie oft von merkwürdiger und zierlicher Form, und als Überreste aus alten Zeiten, die nicht wieder ersetzt werden konnten, wertvoll; aber nein, es war alles ‚roba di sciocchezza' – „albernes Zeug" – der capo war unerbittlich; seine Befehle lauteten dahin, alles, was nicht Geldwert hatte, augenblicklich zu vernichten, und so konnte er mir nicht erlauben, eine einzige dieser Reliquien, die er doch so verachtete, mit hinwegzunehmen."

Am besten beginnen wir unsere Spurensuche hier an der Fiora beim alten Kastell; denn dort können wir die kühne Konstruktion des Ponte dell'Abbadia bewundern. Mächtige Pfeiler stützen einen 30 Meter hohen und 20 Meter weit gespannten Bogen. Die Brücke stammt aus römischer Zeit, als Vulci bereits ein Municipium war, steht aber auf etruskischen Fundamenten. Wer nun rechts am Flüßchen entlang wandert, gelangt in den Bereich der alten Siedlung, von der bisher nicht allzuviel ausgegraben wurde. Interessanter sind da schon einige Punkte auf der linken Flußseite, weil hier die berühmtesten Gräber wie die Tomba François und die Cucumella liegen. „Wer zwischen den moosüberzogenen grünen Wänden den Eingangsschacht hinab schreitet, dem versinkt die wirkliche Welt und er mag meinen, die Schwelle zu einem Märchenreich gefunden zu haben", sagt Karl Lukan, ein guter Kenner der etruskischen Archäologie, und man kann den Eingang in das nach seinem Entdecker benannte François-Grab nicht treffender beschreiben. Wenn man den zwanzig Meter langen unterirdischen Gang durchschritten hat, gelangt man in einen großen Raum, an dessen Seiten sich acht kleine Grabkammern kranzförmig gruppieren. Fünfundzwanzig Tote waren hier beigesetzt, die reichen Grabbeigaben an Gold, Bronze, griechischer und etruskischer Keramik sind leider in alle Welt verschachert worden, so daß sich kein geschlossener Gesamteindruck mehr bietet. Der zentrale Raum war zudem einmal mit prächtigen Wandmalereien geschmückt, die aber abgelöst und nach Rom in die Villa Albani verbracht wurden. Schade eigentlich; denn ihre Motive hätten hier, an diesem so beeindruckenden Platz, eine Begegnung mit dem Stifter des Grabes erlaubt. Dieser Vel Saties, ein würdevoller Mann, trägt auf der Malerei ein buntes Gewand, auf dem Gladiatoren dargestellt sind. Neben ihm kauert sein Diener. Leider ist das Bildnis seiner Frau fast völlig zerstört.

Ein Stück von diesem Grab entfernt liegt die Cucumella, einer der größten Grabhügel ganz Etruriens, der immer noch durch seine Ausmaße – fünfundsechzig Meter Durchmesser und achtzehn Meter Höhe – besticht. So ein gewaltiges Grab-

monument konnte nur einem König als letzte Ruhestätte gedient haben, meinten die Leute und begannen zu graben und zu suchen. Kreuz und quer durchwühlten sie den Hügel, entdeckten aber nichts, bis heute zumindest.

D. H. Lawrence schrieb deshalb: „Eine seltsame Nuß wahrhaftig, deren Kern ein Geheimnis bleibt". Und wem es nicht vor Fledermäusen graust, kann im Gewirr der Stollen auch heute noch umhergehen und vom verborgenen Königsgrab träumen.

In seiner Glanzzeit beherrschte Vulci auch die nördlich gelegenen kleineren Siedlungen des oberen Fiora-Tales, die schon wieder im Bereich der heutigen Toskana liegen. Drei von ihnen bilden die nächsten Ziele unserer Rundreise. Doch hier ist es nicht die Natur, die so tief beeindruckt, sondern es sind die malerischen, kleinen Städte, die auf den alten etruskischen Siedlungen entstanden. In Pitigliano, hoch auf einem Höhenrücken über steil abfallenden Tuffwänden, sind nur noch wenige etruskische Spuren erhalten. Das liegt einfach an der Kontinuität der Besiedlung, die seit dem 7. vorchristlichen Jahrhundert bis heute nicht mehr abgerissen ist. Wir wissen nicht einmal, wie die etruskische Stadt hieß, an die noch Reste der Mauer und Gräber unterhalb des Ortes erinnern. Ähnlich verhält es sich mit dem nahe gelegenen Sorano, einem malerischen Ort hoch über einer Schlucht. „An keinem alten Orte im vulkanischen Distrikte Etruriens sind die Felsen so hoch, sind die Täler so tief, ist die Landschaft so mannigfaltig, romantisch und imponierend", schrieb schon der erwähnte George Dennis. Überall in der Umgebung trifft man hier hoch in den Felswänden auf sogenannte Columbarien, in Stein gehauene Felskammern mit kleinen, etwa zwanzig Zentimeter hohen Nischen für Aschenurnen. Allerdings dürften sie erst aus römischer Zeit stammen. Alte etruskische Gräber

Wappen der Stadt Chiusi

werden hier in der Umgebung immer wieder freigelegt.

Der dritte romantische Ort in dieser Gegend ist Sovana, das noch vor einigen Jahren vom Verfall bedroht schien, aber wieder an Leben gewonnen, sich dafür aber an den Tourismus verkauft hat. Es ist das antike Suana, ein kleinerer unbedeutender Ort im etruskischen Herrschaftsbereich. Hier wurde 1021 jener Hildebrand geboren, der vom Benediktinermönch bis zum Papst aufstieg und als Gregor VII., wie wir noch hören werden, eine entscheidende Rolle in der Geschichte des mittelalterlichen Papsttums spielte. Aber uns interessieren weniger die mittelalterlichen Häuser oder die Bischofskirche am Rande des Ortes als viel mehr die Etruskerspuren, die im Gegensatz zu dem benachbarten Pitigliano und Sorano wieder einmal recht augenfällig sind.

An den bewaldeten Hängen rings um Sovana finden sich einige besonders schöne Gräber, etwa die Tomba della Sirena, so benannt nach einem verwitterten Meeresfabelwesen im Giebelfeld, die Tomba di Grotta Pola oder die Tomba Ildebranda, die im 19. Jahrhundert nach Hildebrand, dem großen Sohn des kleinen Ortes, benannt wurde. Sie gehören alle zum Typ der Tempelgräber, den wir bisher noch nicht kennengelernt haben. Hier ist der über der eigentlichen Grabkammer liegende Teil des Grabes aus dem Tuffgestein herausgemeißelt und zeigt die etwas verkleinerte, aber sonst weitgehend getreue Form eines etruskischen Tempels. Besonders eindrucksvoll kommt das bei der Tomba Ildebranda trotz starker Verwitterung zur Geltung. Wir müssen uns die Fassade mit Säulen geschmückt und in kräftigen Farben bemalt vorstellen.

Aber noch zwei weitere Besonderheiten birgt die nahe Umgebung: zum einen unmittelbar unter dem heutigen Friedhof Sovanas eigenartige eiförmige Vertiefungen in der Felswand, deren Zweck

bisher nicht geklärt ist, und zum anderen die wohl schönsten Straßenreste der Etruskerzeit. Die sogenannte Cavone nordwestlich des Ortes ist eine tief in den Tuff eingeschnittene Straßenschlucht. Heute ragen die Wände zu beiden Seiten bis etwa fünfzehn Meter empor, das antike Niveau lag noch etwas tiefer. Man muß an einem Spätnachmittag im Sommer allein diese Schlucht entlanggehen, dann fühlt man sich um Jahrtausende zurück in die Zeit der Etrusker versetzt. Und wer gar die hinter Gestrüpp verborgene „Cava di San Sebastiano" mit ihren bis zu achtzig Meter hohen Wänden besucht, der kann verstehen, daß sich früher einmal die Bauern bekreuzigten, bevor sie die Schlucht betraten.

Nur zögernd und ungern wendet man sich von hier aus wieder nach Norden zurück, nicht ohne auf dem Heimweg nach Florenz wenigstens auch Chiusi zu besuchen. Die Stadt zählte schon im 8. Jahrhundert v. Chr. zu den bedeutendsten Siedlungen Etruriens, und Livius berichtet, daß König Lars Porsenna von Camars, wie der alte Name lautete, 507 v. Chr. Rom belagert haben soll. Es war jener Porsenna, der, von dem Heldenmut Mucius Scaevolas beeindruckt, dann doch wieder abzog! Die Römer nannten die Stadt später Clusium. Wir besuchen sie vor allem wegen zweier Gräber in seiner Umgebung, die einen guten Abschluß unserer Fahrt auf den Spuren der Etrusker bilden, weil sie besonders schöne Wandmalereien aufweisen. Die Tomba Casuccini aus dem 5. Jahrhundert v. Chr. besitzt noch ihre originale Flügeltür aus Travertin und zeigt im Innern reizvolle Bilder vom Lebensgenuß der Etrusker, von Tafelfreuden, tanzenden Mädchen, Wagenrennen. Noch reizvoller aber ist das „Grab des Affen", nicht wegen des Äffchens, das ihm den Namen gab und etwas versteckt auf der dem Eingang gegenüberliegenden Seite zu finden ist, sondern wegen der prachtvollen Szenen an den

Etruskische Felsgräber von Castel d'Asso bei Viterbo. Holzstich von G. Bauernfeind

Wänden. Da sitzt gleich links vom Eingang eine vornehme Dame, in einen dunklen Mantel gehüllt und den typischen spitzen Hut auf dem Kopf, der Sonnenschirm über ihr soll sie nicht vor der Hitze schützen, er ist das Symbol des isolierenden Todes. Sie beobachtet Flötenspieler, eine Gauklerin, die ein Gefäß auf dem Kopf balanciert, und zwei muskulöse Faustkämpfer, die eben im Begriff sind, kräftig aufeinander einzuschlagen. Mit dieser ungemein lebendigen Szene vor Augen, können wir getrost unsere Reise auf den Spuren der Etrusker abbrechen, obgleich es noch viel zu sehen gäbe. Eifrige Reisende werden allerdings nicht versäumen, vom Affengrab aus nordwärts bis zum Poggio Gaiella zu fahren oder zu gehen, einem Hügel mit einem – allerdings nicht zugänglichen – Labyrinth unterirdischer Gänge, in dem manche Archäologen das Grab des Königs Porsenna vermuten. Auch das kleine Provinzmuseum Chiusis mit seinen zahlreichen Terrakottastatuen lohnt noch einen Besuch, dann aber geht es zurück nach Florenz.

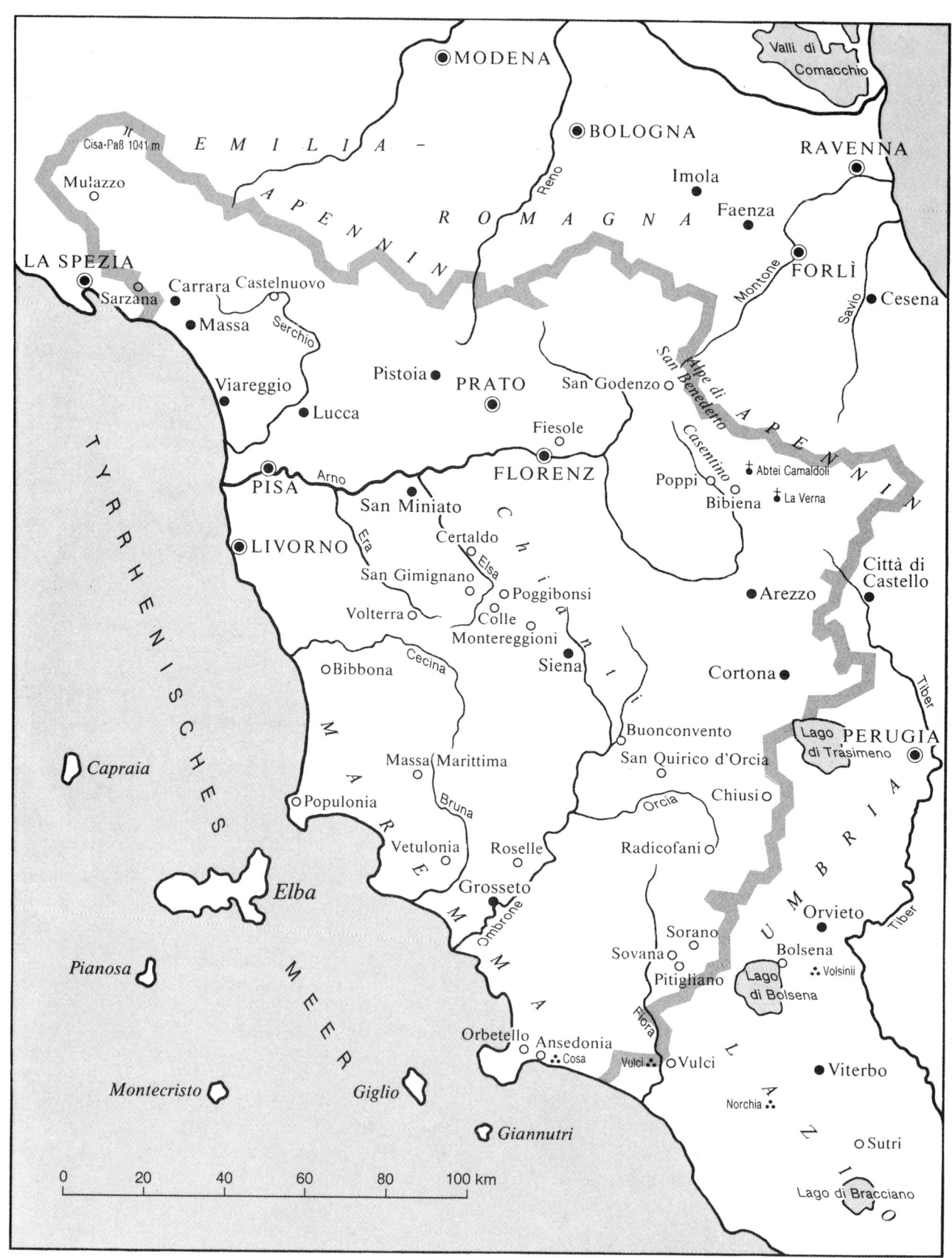

MODENA

BOLOGNA

RAVENNA

Valli di Comacchio

EMILIA-

Cisa-Paß 1041 m

Mulazzo

R O M A G N A

Imola

Faenza

Reno

LA SPEZIA

Carrara Castelnuovo

FORLÌ

Cesena

Sarzana

Montone

Savio

Massa

Serchio

Viareggio

Pistoia

PRATO

San Godenzo

Alpe di San Benedetto

A P E N N I N

Lucca

Fiesole

FLORENZ

Casentino

Abtei Camaldoli

PISA

Arno

FLORENZ

Poppi

Bibiena

La Verna

San Miniato

T Y R R H E N I S C H E S

Certaldo

LIVORNO

Era

San Gimignano

Elsa

Poggibonsi

Arezzo

Città di Castello

Volterra

Colle

Cecina

Montereggioni

Siena

Cortona

Bibbona

C h i a n t i

Buonconvento

Lago di Trasimeno

PERUGIA

Capraia

Massa Marittima

San Quirico d'Orcia

Bruna

Orcia

Chiusi

U M B R I A

Tiber

Populonia

Vetulonia

Roselle

Radicofani

Elba

M A R E M M A

Grosseto

Ombrone

Orvieto

Pianosa

Sorano

Bolsena

Sovana

Volsinii

M E E R

Pitigliano

Lago di Bolsena

Flora

L A Z I O

Montecristo

Giglio

Orbetello

Ansedonia
Cosa

Vulci

Vulci

Viterbo

Norchia

Giannutri

Sutri

0   20   40   60   80   100 km

Lago di Bracciano

Guelfen und Ghibellinen –
Spuren des Mittelalters

In Abwandlung eines bekannten Sprichwortes könnte man sagen, Spuren des Mittelalters in der Toskana bedeute eigentlich, Eulen in Athen zu suchen; denn überall stoßen wir auf wichtige Zeugnisse mittelalterlicher Geschichte und mittelalterlicher Kunst. Sie alle nur aufzuzählen hieße schon, den Rahmen dieses Kapitels zu sprengen. Aber eine Begegnung mit der Toskana wäre unvollständig ohne die Begegnung mit wenigstens den wichtigsten Zeugnissen des Mittelalters.

Eine markante Spur zieht sich gleichsam wie ein roter Faden von Norden nach Süden durch das Land. Es ist die alte Pilger- oder Kaiserstraße, die Via Sancti Petri oder Via Francigena, wie sie genannt wird. Die modernen Touristenströme bewegen sich meist auf drei Autobahnen nach Italien, über die Gotthard-Mailand-, die Brenner- und die Villach-Udine-Strecke, wobei die Brenner-Strecke und die Autostrada del Sole weiter nach Rom zu den beliebtesten gehören. Im Mittelalter dagegen bevorzugten seit der fränkischen Zeit die Reisenden die Pilgerstraße und später die deutschen Könige mit ihren Heerscharen die westliche Route der Francigena, die wahrscheinlich auf die Langobardenzeit zurückgeht und die so zur wichtigsten Verkehrsader im mittelalterlichen Italien wurde.

Auf ihr zogen die ottonischen Könige ebenso nach dem Süden wie die Salier und Staufer, gleichgültig, ob sie dabei im Westen über das Rheintal und dementsprechend über den Gotthard und über Mailand oder im Osten über den Brenner und Verona gekommen waren. Ausgangspunkt der Francigena war Pavia. Der nördliche Teil der Straße über Piacenza und Parma interessiert uns hier nicht. Am Cisa-Paß über den Apennin erreichte sie die Toskana, führte durch die Lunigiana südwärts nach Sarzana und verlief dann ein Stück parallel zur Ligurischen Küste in Richtung auf Lucca zu. Sie durchquerte das Ar-

notal, folgte der Elsa flußabwärts und mündete dann in die Trasse der antiken Via Cassia, die über Siena weiter nach Radicofani ging, wo sie die Toskana verließ und am Bolsenasee vorbei über Viterbo und Sutri nach Rom führte.

Es lohnt sich auch heute noch, dieser Straße zu folgen, zumal ja Werner Goez einen fundierten Reiseführer dazu geschrieben hat, der viele unbekannte Sehenswürdigkeiten erschließt.

Hier vereinen sich deutsche und italienische Geschichte des Mittelalters. Für die sächsischen Könige war die Toskana noch in erster Linie ein Durchzugsland auf dem Wege nach Rom gewesen, abseits der Heerstraße gewannen Florenz als Bischofssitz und Pisa als aufblühende Handelsstadt eine gewisse Bedeutung. Die ganze Toskana gehörte zur Markgrafschaft Tuszien, die über den Apennin hinaus im Norden auch die Lombardei umfaßte. Um die Machtfülle der dortigen Markgrafen etwas zu beschneiden, unterstellte Kaiser Heinrich III. Florenz 1055 unmittelbar seiner Gewalt. Damit begann der allmähliche Aufstieg der Stadt. Äußeres Zeichen für ihr Wachstum wurde die neue Schutzmauer, mit deren Bau die Bürger 1076 begannen. Sie konnten sie bald brauchen – nicht für, sondern gegen den deutschen Kaiser; denn im Streit zwischen dem jungen Heinrich IV. und Papst Gregor VII. stellte sich Florenz auf die Seite des Papstes.

Das kleine, heute abseits des großen Verkehrs gelegene Städtchen Sovana in der südlichen Toskana, nahe an der Grenze zu Latium, ist der Geburtsort jenes Hildebrand, der als Papst Gregor VII. den päpstlichen Stuhl bestieg und in der Auseinandersetzung mit dem deutschen König Triumph und Tragik seiner Kirchenpolitik erlebte, bis er weit unten im Süden, in Salerno, im Exil starb. Auf seiner Seite stand als verläßliche Bundesgenossin Mathilde, die junge letzte Markgräfin von Tuszien. Sie wurde in San Miniato, mitten in

San Miniato al Tedeso. Stich (1801) von F. Fontani

der toskanischen Hügellandschaft, geboren, in jenem Ort, der später für die deutsche Geschichte so große Bedeutung erlangte, daß er den Beinamen „al Tedesco" – zum Deutschen – erhielt.

Als Heinrich IV. sich stark genug fühlte, zog er 1082 in die Toskana, wo ihm die Städte ihre Tore öffneten, bis auf Florenz. Im Sommer 1082 belagerte er die Stadt, aber die neuen Mauern erwiesen sich als sicher, Heinrich brach die Belagerung schließlich ab.

Noch zu ihren Lebzeiten schenkte Mathilde ihre Güter und Lehen – und damit auch die Toskana – dem Papst. Die deutschen Kaiser fochten später diese Schenkung an, und daraus entwickelte sich ein Streit, der bis zum Ende der Staufer in der 2. Hälfte des 13. Jahrhunderts dauerte und seine Spuren in der Toskana hinterließ.

Für die Städte war es die Zeit des Aufstiegs und der ersten Expansion, eine Zeit aber auch der heftigen und blutigen Fehden. „Blutspur" hätte man dieses Kapitel auch überschreiben können; denn eine solche zieht sich durch das ganze Mittelalter hindurch. Wir übersehen sie nur viel zu leicht und viel zu gern gegenüber den erhaltenen Spuren der Architektur und der bildenden Künste. Es war eine Zeit des beständigen Gegeneinanders mit unterschiedlich wechselnden Fronten. Die deutschen Könige suchten selbst, oder durch ihre Statthalter, die Toskana und ihre Städte als strategisch wichtiges Durchgangsland ihrem Einfluß und ihrer Herrschaft zu sichern. Die Städte ihrerseits verbündeten oder befehdeten sich, und die kleinen Herren mischten, wo sie nur konnten, kräftig mit. Zwischen Florenz und Siena herrschte

so erbitterte Feindschaft, daß die Sienesen ein eigenes Buch anlegten, in dem sie alle Übergriffe der Florentiner genauestens vermerkten, um auch ja nichts zu vergessen. Lucca und Pisa waren ebenso verfeindet wie Florenz und Arezzo.

Die Grundlagen ihres Wohlstands legten Florenz und Pisa während des Ersten Kreuzzugs. Aus den Städten nahmen Bürger an dem Unternehmen teil, kämpften begeistert und kassierten danach im aufblühenden Orienthandel noch begeisterter. In der ausgehenden salischen und der staufischen Zeit bildeten die römisch-deutschen Kaiser einen Machtfaktor, mit dem die aufblühenden Städte rechnen mußten, aber gerade Florenz festigte seine Position Zug um Zug. So bekämpften die Florentiner 1123-25 ihre Mutter- und Nachbarstadt Fiesole und zerstörten sie schließlich völlig, weil sie befürchteten, der kaiserliche Markgraf könne sich dort festsetzen.

Friedrich I. Barbarossa suchte die staufische Macht dadurch zu festigen, daß er oberhalb des schon erwähnten San Miniato in beherrschender und strategisch günstiger Lage eine Kaiserpfalz anlegen ließ, in der sein Vertreter residierte. Noch heute kann man ihre Spuren in den Mauern des Bischofspalastes erkennen. Der weithin sichtbare Turm auf der Spitze des Hügels erinnert an einen anderen Kaiser, an den Enkel Barbarossas, Friedrich II., der ihn erbauen ließ. Er erinnert aber auch an ein dunkles Ereignis im Leben dieses Kaisers; denn hier starb sein ehemaliger Vertrauter und Kanzler, Petrus de Vinea, nachdem ihn Friedrich hatte blenden lassen, durch Selbstmord. War er das Opfer einer Hofintrige, oder hatte er seinen Herrn verraten? Wir wissen es nicht. Der Turm selbst ist heute nur eine Rekonstruktion. Ein sturer deutscher Offizier hatte dieses Denkmal deutscher Geschichte gegen Ende des Zweiten Weltkriegs sprengen lassen – auch ein Beitrag „al Tedesco" zur deutsch-italienischen Geschichte!

36

Die Burg Canossa, Stammsitz der Markgrafen von Tuszien. Hier erbat Kaiser Heinrich IV. 1077 von Papst Gregor VII. die Lösung vom Kirchenbann. Stich (1875) von Edmund Kanoldt

Auch an der Südgrenze des mittelalterlichen Reichsitaliens ließen Barbarossa und seine Nachfolger rund um den Ort San Quirico d'Orcia mehrere Burgen und befestigte Plätze anlegen. Noch erinnern die Ruinen von Rocca d'Orcia daran, daß sich Barbarossa hier mehrfach aufhielt. Nicht weit davon entfernt liegt übrigens in der Einsamkeit das Kloster Sant' Antimo, das schon von Karl dem Großen gegründet worden war und das in der staufischen Zeit eine neue Blüte erlebte. Auch die weithin sichtbare Grenzfeste Radicofani gehörte den Staufern. Für die Reisenden nach Rom war der Ort einmal ein wichtiger Durchgangspunkt, heute rollt der Verkehr weiter östlich auf der Autostrada vorüber, und Radicofani ist an den Rand und in die Einsamkeit gerückt.

Pisa erlebte in dieser Zeit eine besondere Blüte. 1118 wurde der prachtvolle Dom geweiht, 1152 begann man mit dem Bau des Baptisteriums, neunzehn Jahre später mit dem Campanile, der heute als „Schiefer Turm" Weltberühmtheit erlangt hat. Die Sienesen begannen ebenfalls mit dem Bau des jetzigen Doms, und in Arezzo wurde die Pieve (Pfarrkirche) Santa Maria, die älteste und berühmteste Kirche der Stadt, erbaut. Nur für Florenz begann die Zeit der meisten großen Kirchenbauten erst mit dem Spätmittelalter.

Die Städte zeigten ein eigenartiges, für heutige Begriffe merkwürdiges Bild; denn die reichen Familien bauten ihre Paläste weniger in die Breite als in die Höhe und suchten sich mit den sogenannten Geschlechtertürmen gegenseitig zu übertreffen. Einen bescheidenen Eindruck von dieser Bauweise und dem Bild der toskanischen Städte im Mittelalter vermittelt heute noch San Gimignano, auf halbem Wege zwischen Florenz und Siena. Wer hier die dreizehn Türme bewundert, die dem Ort seinen vielbewunderten mittelalterlichen Charakter verleihen, sollte daran denken, daß dies nur noch ein kläglicher Rest ist und das

kleine San Gimignano im Mittelalter siebzig solcher Türme besaß! Benjamin von Tudela behauptet, 1154 in Pisa tausend Türme gezählt zu haben. Wenn diese Zahl auch sicher übertrieben scin dürfte, spiegelt sie doch den überwältigenden Eindruck, den die Stadt auf den Betrachter gemacht haben mag.

In Florenz gab es, wie ein Zeitgenosse belegt, Ende des 14. Jahrhunderts noch 120 Türme von 120 Ellen Höhe (= ca. 70 Meter). Noch heute läßt die älteste Ansicht von Florenz aus dem Jahre 1352 auf einem Fresko im Waisenhaus del Bigallo etwas vom Aussehen der mittelalterlichen Stadt erahnen.

Zu Beginn des 13. Jahrhunderts tauchten während des Thronstreites zwischen Welfen und Staufern in der Toskana die Namen der „Guelfen" und „Ghibellinen" auf. Hervorgegangen aus dem alten deutschen Kampfruf „Hi Welf – hi Waiblingen", wurden sie innerhalb kurzer Zeit zu Parteinamen zwischen den Anhängern der staufischen Kaiser (Ghibellinen) und der Päpste (Guelfen). Und obwohl sie nach dem Ende der Stauferzeit ihren ursprünglichen Sinn verloren hatten, blieben sie noch für zwei Jahrhunderte Inbegriff und Symbol der Zerrissenheit und des Kampfes aller gegen alle, „tartarea nomina" – verteufelte Namen –, wie ein Chronist vermerkte.

Dabei ist die Zweiteilung gar nicht so selbstverständlich und einfach, wie sie erscheint. Gewiß war Florenz vorwiegend päpstlich, also guelfisch, im Gegensatz zum stets ghibellinischen Siena, aber in der Stadt selbst gab es ebenfalls Anhänger beider Gruppen. Der Versuch, dabei in den Anhängern der Ghibellinen die Vertreter des Adels und unter den Guelfen die des Bürgertums zu sehen, trifft auch nicht ganz zu; denn hier vermischten sich die Gegensätze. Am Ende der Stauferzeit schien es, als würden nach heftigen inneren Kämpfen, die zu Aufständen, Massenmorden und

Im Arnotal. Stich von G. Bauernfeind

Verwüstungen führten, wie man sie sich heute kaum vorstellen kann, die Ghibellinen die Oberhand in Florenz gewinnen.

Doch von 1250 an konnten die Guelfen in die Stadt zurückkehren, eine Volkserhebung erzwang eine demokratische Verfassung, und die Ghibellinen wurden vertrieben und von Siena aufgenommen. Dieses wiederum nutzte nun die Gelegenheit, um mit der verhaßten Nachbarin abzurechnen. Bei Montaperti, nur wenige Kilometer östlich von Siena, im Tal der Arbia, bereitete sie ihr 1260 eine vernichtende Niederlage. Ein mit ein paar Zypressen bestandener Hügel erinnert heute in der völlig abseits des Verkehrs gelegenen Gegend an das blutige Gemetzel, das durch einen überraschenden Flankenangriff von zweihundert deutschen Reitern entschieden wurde. Noch Dante erzählt mehr als ein halbes Jahrhundert später, daß sich die Wasser der Arbia vom Blute der Erschlagenen gerötet hätten.

Daß Florenz nach dieser Niederlage nicht, wie es zu erwarten gewesen wäre, zerstört wurde, verdankt es nur dem mannhaften Eintreten Farinata degli Ubertis, eines ghibellinischen Vertriebenen, für seine Vaterstadt. Der Friede war hart, die Ghibellinen durften zurückkehren, aber den Sieg zu nutzen verstanden weder sie noch die Sienesen.

Die große Politik wirkte sich schon sechs Jahre später auch auf die Toskana aus; denn als 1266 im Süden bei Benevent der Staufer Manfred von Sizilien im Kampf gegen den französischen König Karl von Anjou Reich und Leben verlor, gewannen die von Karl unterstützten Guelfen wieder das Übergewicht. Der Anjou wurde zum Podestà gewählt, also zum Haupt der städtischen Verwaltung. Er ließ das Amt aber durch einen Stellvertreter ausüben. Selbstverständlich wurden die Ghibellinen wieder vertrieben und ihr Besitz geplündert. Der Versuch von Papst Gregor X., die Gegensätze beizulegen und in Gegenwart des französischen Königs und sogar des Kaisers von Konstantinopel auf dem trockenen Flußbett des Arno eine große Versöhnung herbeizuführen, dauerte nur ein paar Stunden, dann mußten die Ghibellinen erneut fliehen. Der gewaltsame Versuch, die Rückkehr danach mit Hilfe Sienas wieder zu erzwingen, endete 1269 in der Schlacht im Elsatal, von der noch im Zusammenhang mit Dante die Rede sein wird, mit einer schweren Niederlage.

Mit der Vertreibung der Ghibellinen waren in Florenz aber keineswegs Parteiengegensätze und Parteienhader überwunden; denn die Guelfen spalteten sich Ende des 13. Jahrhunderts in die „Schwarzen" und die „Weißen". Mit ihnen setzten sich die Streitigkeiten in alter Heftigkeit fort und verschärften sich sogar noch. 1302 wurden die „Weißen" aus der Stadt ausgewiesen. Zu ihnen gehörte auch der Dichter Dante, der fortan ruhelos bis zu seinem Tode in Italien umherirrte (vgl. Kapitel 3). Es bleibt eine erstaunenswerte Tatsache, daß trotz dieser und der folgenden Auseinandersetzungen Florenz und die anderen größeren toskanischen Städte einen wirtschaftlichen Aufschwung erlebten und der gewonnene Wohlstand sich in einer regen Bautätigkeit niederschlug. Blut, Not und Elend auf der einen, Reichtum und Glanz auf der anderen Seite – das sind die schwer erklärbaren Gegensätze dieser Jahrzehnte.

Aus der innerpolitischen Zerrissenheit erwuchs den Städten jene neue Regierungsform der Signorie, der Herrschaft eines einzelnen oder einer Familie über eine Stadt bzw. eine Kommune, wie sie auch bezeichnet wird. Sie wiederum wurde zum fruchtbaren Nährboden der neuen geistigen und künstlerischen Strömungen der Renaissance. Begünstigt wurde sie durch die Tatsache, daß seit dem Ende der Staufer eine starke kaiserliche Zentralgewalt in Oberitalien fehlte. Die deutschen Kaiser hatten nach dem Interregnum genug in Deutschland zu tun, konnten sich nicht um die Verhältnisse in Italien kümmern. Erst Heinrich VII. nahm die Tradition wieder auf.

Um die alte Kaiserherrschaft zu erneuern, zog er im Herbst 1310 mit dreitausend Rittern auf der Francigena nach Italien, wo ihn die vom Parteienhader zerrissenen Städte in seltener Einmütigkeit willkommen hießen. Begeistert begrüßte ihn Dante als einen „neuen Moses" und „Friedensfürsten", mit dem das Goldene Zeitalter beginnen sollte. Aber Florenz verschloß sich ihm, eine Belagerung mißlang. Den Spuren Heinrichs begegnen wir an der Francigena. Auf der Höhe über dem heutigen Poggibonsi hatte er mit dem Bau einer Burg begonnen, die den stolzen Namen Monte Imperiale –

Kaiserberg – erhielt und die Guelfen niederhalten sollte. Sie wurde später dem Erdboden gleichgemacht und nur die Brunnenanlage der Fonte delle Fate erinnert noch an den alten dort gelegenen Ort. In Buonconvento südlich von Siena erfüllte sich das Schicksal des Kaisers. Bis hierher war er während der Vorbereitungen eines Feldzuges gegen König Robert von Neapel gekommen, da erlag er einem tückischen Fieber. Hartnäckig hielt sich das Gerücht, ein Dominikanermönch habe ihn mit einer vergifteten Hostie getötet, aber aller Wahrscheinlichkeit nach hatte er sich den Todeskeim schon im Lager vor Florenz geholt. Man brachte den Toten auf der Frankenstraße zurück, vorüber an Siena und dem Monte Imperiale, bis nach Pisa, wo er im Chor des Domes ein prachtvolles Grabmal erhielt. Aber seine endgültige Ruhestätte fand er auch dort nicht; denn der Sarkophag wanderte auf den Camposanto und wurde erst 1921 zurück in den Dom überführt, wo er heute in der Wand des rechten Seitenschiffes beigesetzt ist. Immer noch spiegelt das ausgemergelte Antlitz des knapp Vierzigjährigen gleichermaßen Ruhe und auch Schmerz. Hier träumt er seinen ewigen Traum von einem universalen römisch-deutschen Kaisertum, den er wohl als letzter Herrscher auch zu seinen Lebzeiten geträumt hatte. Nur vier deutsche Könige zogen nach ihm noch einmal auf der Frankenstraße nach Rom, um dort die Kaiserkrone zu empfangen, der fünfte und letzte, Karl V., wurde in Bologna gekrönt.

Ob noch ein weiterer unglücklicher deutscher Fürst in Pisa nach einem tragischen Leben den Frieden und seine letzte Ruhe gefunden hat, ist nicht sicher erwiesen. Es ist Johann von Schwaben-Österreich, der Enkel Rudolfs von Habsburg, der 1308 seinen Onkel, König Albrecht I., ermordete, weil dieser ihm das väterliche Erbe vorenthielt. Den meisten von uns begegnet er als Johannes Parricida in Schillers „Wilhelm Tell", als

Im Camposanto von Pisa. Stich (um 1875) von G. Gerlier

dieser ihm den Weg über die Alpen weist. 1311 war er dann in Genua vor Heinrich VII. erschienen und hatte diesen angefleht, das gegen ihn verhängte Todesurteil aufzuheben. Ob Heinrich der Bitte nachkam, weiß man nicht. Tatsache ist nur, daß der erst Einundzwanzigjährige noch zwei Jahre im Kloster der Augustiner in Pisa zubrachte. Er starb wenige Wochen nach Heinrich und wurde wahrscheinlich in der Kirche S. Nicola nahe dem Arnoufer beigesetzt. Sein Grab ist dort verschollen, aber es bleibt ein eigenartiger Gedanke, daß der Königsmörder und der Kaiser, der letztlich diesem Mord seine Krone zu verdanken hatte, nur wenige hundert Meter voneinander entfernt in der gleichen Stadt der Toskana ihre letzte Ruhe gefunden haben.

Pisa war zur Zeit Heinrichs VII. eine reiche ghibellinische Stadt, aber der wirtschaftliche und politische Niedergang setzte im ersten Drittel des 14. Jahrhunderts allmählich ein. Ein Jahr nach Heinrichs Tod gelang es Pisa zwar noch, das be-

nachbarte Lucca zu erobern, doch dieses drehte dann noch einmal den Spieß um. Der junge Luccheser Castruccio Castracani gewann zuerst die Herrschaft über seine Vaterstadt, dann eroberte er einen Teil der westlichen Toskana, darunter auch die Rivalin Pisa. Castracani zählte zu den erfolgreichsten frühen Condottieri, jenen Söldnerführern, die sich für Geld an den Meistbietenden verkauften und ihm die nötigen Soldaten für einen der zahlreichen kleineren oder größeren Kriege dieser Zeit lieferten. Sie prägten im ausgehenden 14. und 15. Jahrhundert die Geschichte Oberitaliens, insbesondere auch der Toskana. Sie wechselten die Fronten, wie sich ihnen die Gelegenheiten oder besseren Bedingungen boten, verbanden ihr Schicksal aber auch auf Gedeih und Verderb mit einer Stadt und stiegen dann, wie Castruccio, zum Stadtherrn – zum erblichen Signore – auf. Es waren blutige Despoten unter ihnen, die ihre Macht mit allen Mitteln zu festigen suchten, aber auch Männer, denen das Wohl der von ihnen be-

Boccaccio in seiner Schreibstube. Holzschnitt aus der in Venedig 1492 erschienenen Ausgabe des Decamerone

herrschten Comune am Herzen lag. Castruccio ließ in Lucca im Süden der Stadt die Fortezza Augusta anlegen. Als Baumaterial dienten ihm dabei die Steine der abgetragenen Adelstürme. Machtvollstes Zeugnis seiner Herrschaft aber ist das Kastell Sarzanello, eine der mächtigsten Festungen des Spätmittelalters in Italien, am Südende der Lunigiana, heute zu Ligurien gehörend. Diese Festung sollte den Zugang zu seinem Herrschaftsbereich kontrollieren.

Als mit Ludwig dem Bayern 1327 eineinhalb Jahrzehnte nach Heinrich VII. wieder ein deutscher König nach Italien kam, um sich die Kaiserkrone zu holen, bahnte ihm Castruccio als treuer Bundesgenosse den Weg, und bei der Krönung in Rom stand er an dessen Seite. Ludwig dankte ihm diese Gefolgschaft, ernannte ihn zum Herzog von Lucca und zum Senator von Rom und verlieh ihm das Recht, die blauweißen Rauten Bayerns im Wappen zu führen. Als Castruccio schon 1328 überraschend starb, ließen seine Gegner alle Zeichen, Inschriften und Wappen ausmeißeln, die an ihn erinnerten, und so verschwanden auch die bayerischen Rauten und sind nur einmal im Dom zu Sarzana im Wappen eines seiner Söhne zufällig erhalten geblieben.

Der Tod Castruccios befreite auch Florenz von einem schweren Druck; denn die Stadt hätte ihm wahrscheinlich auf die Dauer nicht standhalten können. Die Bürger nutzten die Gunst der Stunde. Pistoia, Cortona und Arezzo wurden besetzt, die Wirtschaft blühte und der Wohlstand wuchs. Äu-

ßeres Zeichen dieser glücklichen Jahre, der besten wohl, die Florenz im Mittelalter erlebte, wurde der Campanile, der Glockenturm des Domes, mit dessen Bau man am 18. Juli 1334 begann. Aber es dauerte keine zehn Jahre, und die Comune wurde erneut von inneren politischen Unruhen und Parteikämpfen erschüttert. Dazu kamen der Zusammenbruch zweier Bankhäuser, der nach der Aussage eines Chronisten die ganze Stadt in Gefahr brachte, und zwei Jahre mit Mißernten und Hagelschlag.

Das alles aber war nur das Vorspiel für eine Katastrophe ungeheuren Ausmaßes. Eine schreckliche Beulenpest raffte etwa 1348 die Hälfte der Bevölkerung hinweg. Die Katastrophe lockerte alle moralischen Bindungen, viele der Überlebenden „ergaben sich dem schmutzigsten und zügellosesten Leben, wie sie dies vorher nie getan hatten", berichtete ein zeitgenössischer Chronist. Und doch ist diese Pest der Anlaß für die Entstehung eines der berühmtesten Werke der italienischen Literatur. Giovanni Boccaccio, der 1313 geborene uneheliche Sohn eines florentinischen Kaufmannes, der im Dienst seiner Heimatstadt stand, schrieb unmittelbar nach dem Wüten der Pest sein „Decamerone", eine Sammlung von hundert Novellen. In der Rahmenhandlung erzählt er von zehn jungen Menschen, die sich vor dem Wüten der Seuche auf ein Landgut geflüchtet haben und sich dort mit dem Erzählen der manchmal recht derben Geschichten die Zeit vertreiben. Diese Rahmenhandlung gibt zugleich eine beklemmende Schilderung der Pest aus der Sicht eines Augenzeugen.

Wer dem Dichter begegnen möchte, muß in Florenz das Castagno-Museum besuchen; denn unter den dort ausgestellten Fresken Andrea del Castagnos findet sich auch das berühmte Bildnis Boccaccios, das allerdings rund siebzig Jahre nach dem Tode des Dichters entstand. Dieser starb

Illustration zu Beginn der Erzählungen des siebten Tages des Decamerone. Holzschnitt aus der 1492 in Venedig erschienenen Ausgabe

1375 in Certaldo, einem kleinen Ort nördlich von San Gimignano an der Frankenstraße, wo man noch heute das Sterbehaus des Dichters zeigt.

Um diese Zeit war östlich von Lucca erneut eine kaiserliche Festung erbaut worden, die letzte ihrer Art in der Toskana. Kein Reiseführer erwähnt sie, und nur, wer auf den Spuren der deutschen Kaiser in Italien reist, wird dieses Kastell Karlsberg-Montecarlo, nur wenige Kilometer nördlich der Autobahnausfahrt Altopascio an der Autostrada Florenz-Pisa, überhaupt besuchen. 1333 hatte es der junge Karl von Luxemburg gegründet, der im Auftrag seines Vaters, König Johanns von Böhmen, in Italien weilte und dessen Stadtherrschaften in Oberitalien sichern sollte. „Ich ließ eine stattliche Festung und eine von Mauern geschützte Stadt auf dem Gipfel eines Berges anlegen, der zehn Meilen von Lucca gegen das Val di Nievole zu liegt. Ich nannte ihn Karlsberg", berichtete er später als Kaiser Karl IV. stolz in seiner Autobiographie. Der Platz war geschickt gewählt, da das Kastell einen der Zugänge

in das Gebiet von Lucca kontrollierte. Als Karl IV. 1355 zur Kaiserkrönung nach Rom zog, besuchte er eigens noch einmal diese Burg, deren Mauern heute noch an ihn erinnern. Das benachbarte Lucca, dessen Stadtherren sein Vater Johann und er gewesen waren, hat ihm viel zu verdanken. Er befreite es von der Herrschaft Pisas, bestätigte seine Reichsunmittelbarkeit und verlieh ihm eine Reihe von Privilegien. Deshalb schrieb auch ein Chronist: „Dir, Lucca, sag ich ganz besonders, daß du unmittelbar unter dem Reich stehst ... Erinnere dich daran, daß es Kaiser Karl IV. war, der dich aus der Sklaverei befreit hat!"

In Florenz war die zweite Hälfte des 14. Jahrhunderts gekennzeichnet durch teilweise schwere innere Unruhen und Kriege gegen die Nachbarn, erst gegen Mailand, dann gegen Pisa und von 1375-78 sogar gegen den Papst. Anlaß war der Kirchenbann, den der französische Papst Gregor XI. über die Stadt verhängt hatte. Die Florentiner kauften sich in dem Engländer John Hawkwood einen tüchtigen Söldnerführer ein, der

43

für sie erfolgreich den Krieg führte. Mehr als zwanzig Jahre lang hielt er der Stadt die Treue, eine rühmliche Ausnahme unter den damaligen Condottieri! Die Florentiner erwiesen sich ihm über seinen Tod hinaus dankbar. Obwohl der Leichnam auf Betreiben des englischen Königs in die Heimat überführt wurde, errichteten sie ihm im Dom ein gemaltes Wandgrab und ließen 1436 durch Paolo Uccello dort sein überlebensgroßes Reiterbildnis fertigen. Das zweite Fresko eines Condottiere im Dom, das zwanzig Jahre später Andrea del Castagno schuf und das Niccolò Manuzi da Tolentino zeigt, führt dann schon in die Zeit der Medici, für die dieser Söldnerführer kämpfte.

1378 kam es in Florenz mit dem Ciompi-Aufstand zu einer ersten großen Protestbewegung und einer Revolte der Arbeiter in den Textilbetrieben. Zwar wurde er rasch mit Unterstützung der sogenannten Oberen Zünfte, also der wohlhabenden Handwerker, niedergeworfen, aber er kündete doch einen innenpolitischen Wandel an, der zu dem oligarchischen Regime einiger guelfischer Familien führte, an dessen Ende schließlich die Herrschaft der Medici stand.

Dreizehn Jahre Krieg gegen Mailand, die Belagerung und Einnahme von Pisa 1405/06, der Kauf Livornos 1421 von den Genuesen und Krieg gegen König Ladislaus von Neapel stärkten erneut das Ansehen der Stadt, führten aber vor allem in der Auseinandersetzung mit Ludwig auch zu schweren Verwüstungen in der Toskana. Die zwei Päpste Gregor XII. und Martin V. wählten in diesen verworrenen Jahren zwischen 1409 und 1419 Florenz zu ihrer Residenz, sehr zum Vorteil der Florentiner Bankiers, die mit ihnen gute Geschäfte machten. Nachdem 1380 das Langhaus des Domes vollendet und gedeckt worden war, begann 1420 Filippo Brunelleschi mit dem Bau der Kuppel. Und so wie sich ihre achteckige Basis deutlich von der darunterliegenden gotischen Kathedrale abhebt, so wurde sie zu einem für jeden Betrachter deutlich erkennbaren Symbol einer sich anbahnenden neuen Zeit.

Wer den Dichter will verstehen ... –
Auf den Spuren Dantes

„Wer den Dichter will verstehen, muß in Dichters Lande gehen", sagt J. W. Goethe in seinem „Westöstlichen Diwan". Ein richtiges Wort; denn manchen Dichter wird man am besten aus seiner Heimat, aus seinem Lebensraum verstehen und beurteilen lernen. Manchmal, wie etwa bei Adalbert Stifter und dem Böhmerwald, sind Spuren augenfällig, ist Dichtung wortgewordene Landschaft. Bei anderen sind die Spuren zwar nicht immer so deutlich, doch stets gegenwärtig.

Dante ist wohl der größte der an berühmten Söhnen so reichen Stadt Florenz, ein Kind der Toskana, der seine Heimat gleichermaßen liebte wie er sie haßte. In der „Divina Commedia", der Göttlichen Komödie, wie er sein Hauptwerk nannte, „weil es furchtbar und häßlich beginnt und mit dem Schönen und Wünschenswerten endet", gibt er eine atemberaubend großartige Vision vom Leben der Seele nach dem Tode in drei Reichen des Jenseits, in Hölle (Inferno), Läuterungsberg – Fegefeuer (Purgatorio) und Paradies (Paradiso). Der Dichter selbst unternimmt eine Wanderung durch diese drei Reiche, geleitet im ersten und zweiten durch den römischen Dichter Virgil, im dritten durch Beatrice, die längst verstorbene, immer noch von ihm verehrte Jugendliebe aus Florenz. Er begegnet den Seelen der Verstorbenen, über die er sich selbst zum Richter macht, indem er sie mit der Freiheit des Dichters in eines der drei Reiche versetzt. Mit ihm erlebt der Leser das Grauen des Inferno, die harten Strafen der dorthin Verbannten und das Glück der Seligen im Paradies. Philosophische Fragen und theologische Probleme werden tiefsinnig erörtert, die politischen Zustände Italiens geschildert und analysiert.

Schon die Zeitgenossen erkannten Größe und literarische Bedeutung des Werkes, die Kommentare dazu füllen heute eine ganze Bibliothek. Noch immer, wie seit 600 Jahren, fasziniert die Lektüre, und noch immer kann man den Lebens-spuren des Dichters in seinem Werk folgen; denn Dante war auch ein guter Beobachter, der mit Hinweisen auf die Landschaft der Toskana bewußt Farbpunkte in seine Dichtung einfügte. Auf „Dantes Spuren in Italien" ist deshalb schon im ausgehenden 19. Jahrhundert der deutsche Romanist Alfred Bassermann gewandert. Inzwischen hat die Forschung einige Akzente zurechtgerückt, aber auch im Zeitalter des Massentourismus bietet sich noch Gelegenheit genug, um sich an einigen Orten der Toskana Dantes zu erinnern.

Deutlich sind die Spuren in Florenz, wo der Dichter im Frühjahr 1265 geboren wurde. Die Fremdenführer zeigen in der Via Dante Alighieri 4

Dante Alighieri. Gemälde von Luca Signorelli im Dom von Orvieto

Das angebliche Geburtshaus Dantes in Florenz.
Stich (19. Jh.) von Whymer

sein Geburtshaus, in Wirklichkeit aber nur einen rekonstruierten Bau an dem Ort, an dem das Haus der Familie gestanden haben soll. Mehrfach können wir dem Dichter ins Antlitz blicken, auf der Piazza S. Croce steht sein Denkmal aus dem 19. Jahrhundert, im Palazzo del Bargello befindet sich sein Bildnis aus der Schule Giottos. Ein weiteres Bildnis finden wir auf dem Gemälde von Domenico di Michelino (um 1465) im Dom (vgl. Farbbild).

37 Jahre lebte Dante in seiner Vaterstadt. Seit 1296 bekleidete er verschiedene politische Ämter und erlangte trotz seiner Jugend rasch großes politisches Ansehen. Gerade das aber sollte ihm zum Verhängnis werden; denn in den Parteienstreitigkeiten zwischen „Schwarzen" und „Weißen" Guelfen (vgl. Kap. 2) wurde er als einer der führenden Köpfe der „Weißen" 1302 mehrere Jahre aus Florenz ausgewiesen und nachträglich sogar zum Tode verurteilt.

Als er die „Commedia" begann, war er schon aus Florenz verbannt, er haßte die Stadt und ihre Bürger mit der ganzen Glut seines Herzens und sehnte sich doch nach ihr zurück:

O ließe mich's mein Heiliges Lied erfahren,
An das die Hände Erd' und Himmel legte
Und das mich mager macht seit manchen Jahren,

Daß es des Volkes hartes Herz bewegte,
Den Pferch mir aufzutun, der mich, dem Drange
Der Wölfe fern, als Lämmlein treu umhegte!

So käm' ergraut ich, doch von lautrem Klange
Als Dichter, heim, daß ich am heiligen Bronnen,
Wo ich getauft, den Lorbeerkranz empfange.

(Par. 25, 1-9)

Er träumte von der Dichterkrönung in der Vaterstadt vor dem Taufbrunnen, also im Baptisterium,

46

das er noch mehrfach erwähnt. Andere Anspielungen auf lokale Begebenheiten lassen sich nicht mehr nachvollziehen, weil die Stadt sich gewandelt hat. So etwa weist er auf die Mars-Statue hin, die zu seiner Zeit noch auf dem Ponte Vecchio stand und die 1333, also ein Jahrzehnt nach seinem Tode, von einem Hochwasser weggerissen wurde. Aber immer noch genießt der Besucher einen ähnlichen Blick auf San Miniato, wie er ihn beschreibt:

Wenn wir zum Kirchlein rechter Hand uns halten,
Das niederblickt auf Rubacontes Brücken –
in jener Stadt, wo weise Lenker walten,

Wird uns der Weg zum hohen Hügelrücken
Durch Stufen leicht gemacht – aus jenen Zeiten,
Da gut das Maß, das Buch noch ohne Lücken.

So war's auch hier: gemächlich konnt' ich schreiten –
Nur daß der Stieg von hohen Felsenwangen
Begleitet war – vom ersten Sims zum zweiten,
(Purg. 12, 100-108)

„La ben guidata – die Stadt, wo weise Lenker walten", das allerdings ist bitter ironisch gemeint. Solche Ausfälle finden sich mehrfach, zu tief war der Dichter von dem Verbannungsurteil getroffen. Merkwürdigerweise richtete sich sein scharfes Wort auch gegen die Florentinerinnen, von denen er sagt:

Da wird man's von den Kanzeln untersagen,
Daß ihre Frau'n im Ausschnitt frech die Brüste
Entblößt herunter bis zur Warze tragen!
(Purg. 23, 101-103)

Nur eine Frau nimmt er dabei aus, Nella Donati, die Witwe eines Florentiners, dem er im Purgato-

Dante und Beatrice. Illustration zur „göttlichen Komödie" von Sandro Botticelli (15. Jh.)

rio begegnet. Merkwürdigerweise erwähnt er Gemma, die eigene Frau, hier nirgends, beläßt sie also in seiner Kritik. Er hatte sie um 1295 in Florenz geheiratet. Der Ehe entstammten zwar mehrere Kinder, aber sie scheint nicht besonders glücklich gewesen zu sein, und nach der Verbannung trennten sich auch die Wege der Ehegatten.

Als Dante die Florentiner Frauen scharf kritisierte, lebte eine längst nicht mehr – Beatrice Portinari. Sie war die Frau, die er in seiner Jugend tief verehrt, ja geliebt hatte, obgleich sie die Gattin eines anderen geworden war. Schon 1290 hatte der Tod die erst Vierundzwanzigjährige hinweggerafft, aber Dante bewahrte ihr einen Platz in seinem Herzen und machte sie unsterblich, als er sie zur Führerin durch das Paradies wählte. Ihr Geburtshaus lag nahe dem Elternhaus des Dichters in der Via del Corso 4, wo noch heute der Palazzo Cepparello steht, der auch Palazzo Portinari genannt wird.

Dante hatte die Toskana mehrfach bereist, als er noch im Dienst der Vaterstadt stand, er hatte sie nach der Verbannung als Flüchtling und Bettler durchwandert, und so spielte er auch immer wieder auf Einzelheiten der Landschaft an. Mehrfach beschreibt er den Arno, erzählt, daß er selbst von diesem Flusse stamme:

Und ich zu ihm: „Toskanas Lande teilen
Die Wasser eines Quells vom Falterona,
Dem nicht ein Bett genügt von hundert Meilen:

Dort ward der Leib mir, dem ich jetzt noch frone.
Mein Name? Laßt – er kann euch wenig frommen,
Denn noch erklingt er nicht in lautem Tone."

„Das sagt: vom Arno bin ich hergekommen,
Wenn mir's gelang, dein Rätsel zu durchdringen",
Sprach jener, der zuerst das Wort genommen.

Der andre drauf: „Was aber mag ihn zwingen,
Den Namen nicht von jenem Strom zu nennen,
So wie man schweigt von grauenvollen Dingen?"

Da sprach, und wohl schien ihn das Wort zu brennen,
Den er gefragt: „Ich weiß nicht – doch verschlänge
Die Hölle ihn, würd' ich's als recht erkennen!

Denn vom Beginn, wo er die Bergeshänge
Herniederrauscht, von deren weitem Bogen
Peloro sich getrennt hat – wo entsprängc

Des Wassers mehr? –, bis dort, wo er die Wogen
Ins Meer ergießt, ihm selber zu ersetzen,
Was für ein Bett der Himmel ihm entsogen,

Siehst alle Welt du weg die Tugend hetzen
Gleich einer Otter – mag's ihr Unstern stiften,
Mag üble Art so übel sie ergetzen –

Und siehst verwandelt drum von Zaubergiften
Des Jammertales Volk in solchem Maße,
Als triebe Circe es auf ihren Triften.

An wüsten Schweinen, die vom Eichelfraße
Sich besser nährten als von Menschenspeise,
Zieht er zunächst vorbei auf karger Straße.

Dann trifft er Kläffer, die nach Kläfferweise
Nicht beißen, ob sie noch so kecklich bellen,
Und kehrt verächtlich sich vom alten Gleise.

Und wie er wachsend sinkt zu tiefren Schwellen,
Trifft statt der Köterbrut er Wolfsgewelfe,
Der Graben mit den gottverfluchten Wellen,

(Purg. 14, 16-50)

Die „wüsten Schweine" sind die Bewohner des oberen Arnotales, des Casentino; mit den „Kläffern" meint er die Bürger von Arezzo, während er mit den „Wölfen" die Florentiner treffen will. „La maladetta e sventurata fossa – der Graben mit den gottverfluchten Wellen" – ist für ihn das Arnotal zwischen Arezzo und Florenz, „und wie er wachsend singt..." bezieht sich auf die Bäche, die dem Arno ihr Wasser zuführen und auch heute noch gefährlich werden können, wie die große Überschwemmung von 1966 beweist.

Um das Casentino, wie der oberste Teil des Arno-Tales auch noch genannt wird, kreisen verschiedentlich die Gedanken des Dichters, häufiger sogar als um Florenz. Es ist von Florenz oder Arezzo aus einen Ausflug wert, zumal auch heute noch der Fremdenverkehr daran vorübergeht. Hier im Casentino liegt das Schlachtfeld von Campaldino, wo sich 1289 die Guelfen von Florenz und die Ghibellinen von Arezzo eine blutige Schlacht lieferten, an der auch der Vierundzwanzigjährige Dante auf seiten der Vaterstadt teilnahm. Damals standen auf ghibellinischer Seite 8000 Mann Fußvolk und 800 Reiter einem überlegenen guelfinischen Aufgebot von 10.000 Mann und 1600 Reitern gegenüber, unter letzteren auch Dante. Die Guelfen siegten in einem blutigen Kampf, den Dante von Buonconte von Montefeltro beschreiben läßt, der in der Schlacht auf ghibellinischer Seite im Kampfe fiel. Dies ist eine der lebendigsten, zugleich aber auch schauerlichsten Szenen der ganzen Dichtung. Zu Recht hat Bassermann auf die Genauigkeit hingewiesen, mit der nur ein Augenzeuge berichten konnte:

Ich rief's. Und er: „Am Klus im Apennino
Entquillt der Archian und schickt die Welle,
Den Namen ändernd, tief ins Casentino.

Bis dort gelangte, bis zur Talesschwelle,
Zu Fuß ich flüchtend noch, den Hals durchstochen,
Und rot entrann ihm meines Lebens Quelle.

Dort aber sank ich hin, den Blick gebrochen,
Verröchelnd mit Mariens Gnadennamen,
Dem Staube lassend, was dem Staub versprochen.

Und sieh, da griff mich – sag's dem Adamssamen! –
Ein Himmelsgeist. Und von den Nachtgewalten

Ein Häscher schrie: „Was raubst du mir den Hamen!

Und nimmst du ihn, und kann ich ihn nicht halten,
Muß ich sein Ewiges um ein Tränlein lassen,
Nun – mit dem Andern will ich anders schalten!

Du weißt, wie sich zu Wetterwolkenmassen
Die Dünste ballen, wenn beim Aufwärtssteigen
Sie hoch im Blau die kalten Lüfte fassen.

Nun sieh: auch Scharfsinn kann der Böse zeigen
Im bösen Trieb, kann Dunst und Winde wecken
Mit jenen Kräften, die ihm wesenseigen. –

Es losch der Tag, und von den Bergesrecken
Des Hochjochs bis zum Prato magno zogen,
Ins Tal sich senkend, schwere Wetterdecken.

Dann barst die schwangre Luft. Die Schründe sogen
Vom Guß sich voll, und wilde Bäche schossen,
Gespeist vom Überschuß, mit braunen Wogen

Hangab, daß sie vereint als Ströme flossen
Und eilends, ungehemmt ins Bett des größten,
Des königlichen Stroms die Wasser gossen.

Da griffen sie den starren Leichnam, flößten
Ihn hin zum Archian, der mit dem Funde
Zum Arno trieb. Und seine Wasser lösten

Das Kreuz, zu dem die Qual der Todesstunde
Die Arme mir verschränkt, und, weggeglitten,
Sank als ihr Raub er ab zum Stromesgrunde." –
(Purg. 5, 94-129)

Das Schlachtfeld selbst liegt linker Hand, wenn man, von Poppi kommend, im Arnotal nordwärts

*Ansicht von Colle di Val d'Elsa.
Stich (1801) von F. Fontani*

fährt. Aber man sollte Poppi selbst nicht vergessen, dieses malerische Städtchen auf einem kegelförmigen Hügel. Vielleicht hat Dante 1310/11 hier als Gast der Grafen von Battifolle geweilt. Wenn es zutrifft, dann mag er vielleicht von dem schlanken Turm des Kastells hinunter ins Tal auf das Schlachtfeld geblickt haben, wo er eben für jene Stadt sein Leben eingesetzt hatte, von der er nun vertrieben worden war.

Bevor wir nach dem Norden weiterfahren, sollten wir über Bibbiena einen Abstecher in den östlichsten Zipfel der Toskana nach La Verna unternehmen, einem der Nationalheiligtümer des Landes, auf einem zweihundert Meter hohen Sandsteinfelsen. In einer Felshöhle empfing hier der hl. Franziskus seine Wundmale. Hier gründete er einen Konvent, der auch heute noch besteht und das Andenken des großen Heiligen ehrt. Dante nennt La Verna bei dessen Lebensgeschichte im „Paradiso":

Und wo der Arno, wo der Tiber nieder
Vom öden Fels rauscht, prägten Christi Male
Als letztes Siegel Seite ihm und Glieder

(Par. 11, 106-108)

Zurück geht es wieder über Bibbiena hinauf zur alten Abtei von Camaldoli und weiter zu der mehr als 1100 Meter hochgelegenen Einsiedelei, wo der hl. Romuald den Orden der Camaldulenser gründete. Dante spricht von ihm im 22. Gesang des „Paradiso". Es ist eine grandiose Landschaft hier, und grandios ist bei günstigem Wetter auch der Blick, der im Westen bis Pisa und im Osten bis zur Adria reichen kann. Man muß Zeit haben, gut zu Fuß und nicht zuletzt auch ein großer Danteverehrer sein, wenn man von hier aus auf den 1600 Meter hohen Gipfel der Falterona hinaufsteigen will. Ob Dante dort oben war, wird offenbleiben, doch mag vielleicht das wunderbare Bild aus dem „Paradiso" von dort gewählt sein:

Und wie die Lasten Schnees im Wald sich ballen
Auf Welschlands Mittelgrat zu starren Haufen,
Wenn jach auf sie Slavoniens Stürme fallen,

Jedoch versickernd in sich selbst zerlaufen,
Vom Wind gekost aus schattenlosen Breiten,
Wie Kerzen schwindend in der Flamme traufen:

(Par. 30, 85-90)

Noch einmal geht von hier aus der Blick nach Norden zur nur zehn Kilometer Luftlinie entfernt liegenden Alpe di San Benedetto, der letzten Station auf Dantes Spuren hier im Nordosten der Toskana. Um sie zu erreichen, ist erneut ein Umweg nötig über Poppi nordwärts vorbei an Castello di Romena mit seinen drei verfallenen Türmen. Das ist alles, was von der einst größten Burg Mittelitaliens übrigblieb, die einen Mauerumfang von 800 Metern und insgesamt 14 Türme aufwies. Die Gelehrten streiten sich, ob Dante hier geweilt hat. Sicher kannte er die „Fonte Branda", eine Quelle, die nahe der Burgmauer entspringt und von der es im „Inferno" heißt: „Den Anblick tausch ich nicht mit Brandas Borne!"

Nach Erreichen der Straße Florenz – Forlì wenden wir uns ostwärts nach San Godenzo am Fuße der Alpe di San Benedetto; hier an der Grenze der Toskana trafen sich 1302 die florentinischen Verbannten, um über ihr weiteres Vorgehen zu beraten, und im Chor der Abteikirche unterzeichnete eine Reihe von ihnen eine Urkunde, unter ihnen auch Dante. Das Datum dieser Urkunde ist eines der wenigen genau feststehenden aus dem Leben des Dichters, der Ort daher für den Dante-Freund von großer Bedeutung. In seiner Dichtung erwähnt ihn Dante nicht, wohl aber San Benedetto im oberen Montone-Tal, schon jenseits der Paßhöhe am Muraglione. Dorthin weisen drei Strophen aus dem „Inferno", in denen Dante für den Blutstrom, der in die Klamm hinunterstürzt, den Wasserfall des Montone – die Caduta – bei San Benedetto zum Vergleich heranzieht, ein Beweis, daß er einmal hier weilte.

Des Flusses dacht' ich, der zuerst die Wellen
Vom Viso ostwärts trägt in eignem Laufe,
Die links dem Hang des Apennins entquellen,

Genannt ‚Die Stillen' oberhalb der Traufe,
Doch wenn sie sich im Sturze talwärts schwingen,
Wird ihnen – nach Forli – die zweite Taufe.

Und wenn den Weg in einem Sprung sie zwingen:
Uns müßten von San Benedettos Klausen
Zum Fuß des Hanges tausend Stufen bringen.

(Inf. 16, 94-102)

Wir aber kehren von hier aus zurück nach Florenz, um nun auf der alten Via Cassia, also nicht auf der Staatsstraße Nr. 2, nach Süden zu reisen. Von Poggibonsi aus unternehmen wir einen Abstecher nach San Gimignano. Wie Godenzo erwähnt es Dante nicht, doch gehört es auch zu den Orten, an denen sein Aufenthalt urkundlich belegt ist. Am 7. Mai 1299 weilte er hier als Gesandter der Stadt Florenz. Noch existiert das Protokoll der Sitzung im Palazzo del Popolo, in der er die Bürger aufforderte, an einer Versammlung des toskanischen Guelfen-Bundes teilzunehmen. Eine Marmortafel am Palazzo erinnert an dieses Ereignis.

Von Poggibonsi aus entspricht die Hauptstraße der uns schon bekannten alten Kaiserstraße nach Rom. Nur wenige Kilometer südwestlich von hier liegt im Tal der Elsa das alte Colle mit seiner tristen Unter- und hübschen alten Oberstadt, aber es ist nicht der Ort, der uns interessiert, sondern die Schlacht, die hier 1269 stattfand, als das sienesische Heer dem überraschenden Angriff der florentinischen und mit ihr verbündeten französi-

schen Reiterei erlag. Dante war damals noch ein Kind von vier Jahren. Später mag er viel von dieser blutigen Niederlage der Ghibellinen gehört und auch das Schlachtfeld selbst besucht haben; denn er verarbeitete Überlieferung und persönliche Eindrücke im „Purgatorio", wo er die Schilderung der Schlacht einer Sieneserin in den Mund legt:

Und da bei Colles Höh'n den Stadtgenossen
Ein Lanzenbrechen mit dem Feinde dräute,
Erbat von Gott ich – was Er selbst beschlossen.

Und wie zerstiebend sich ihr Heer zerstreute
Zu bittrer Flucht, sah ich das wilde Jagen
So glückberauscht, daß sich mein Herz nicht scheute,

Mit trotzigem Blick das tolle Wort zu wagen:
Was kannst Du, Herr, mir jetzt noch Übles senden! –
Der Amsel gleich an milden Wintertagen. –

(Purg. 13, 115-123)

Nur wenige Kilometer südöstlich des alten Schlachtfeldes wird Dantes Welt auch dem modernen Reisenden wieder einmal augenfällig, wenn er auf der Höhe die Mauern und Türme von Monteriggioni erblickt. Immer noch, wie vor Hunderten von Jahren, fasziniert vor allem von der Ferne aus der Anblick dieses Kastells mit seinem gut erhaltenen Mauerring. Zwar fehlen den Türmen die Spitzen, trotzdem ist es noch fast der gleiche Anblick, den auch Dante kannte und der ihn zu dem Vers veranlaßte:

Dafür die Angst! Denn wie Monterregione
Rings Turm an Turm die Mauerrunde krönen,
So war hier, Brust bei Brust, des Sturzes Zone

(Inf. 31, 40-42)

Selten wird die Begegnung mit dem Dichter und seinem Werk so augenfällig und so eindrucksvoll wie vom Monteriggione, zumal wir uns daran erinnern müssen, daß er wahrscheinlich hier in der Nähe die Nachricht von seiner Verbannung aus Florenz erhielt und damals den Mauerkranz auf dem Hügel ein letztes Mal erblickt haben mag.

Nächste Station an der Via Cassia ist Siena, das Dante zwar verschiedentlich besucht hat, in der „Commedia" merkwürdigerweise aber kaum erwähnt. Dehalb ist es schon besser, auf unserer Spurensuche einmal Boccaccio zu bemühen, der von einer kennzeichnenden Episode aus Dantes Leben erzählt. Dieser entdeckte in Siena im Laden eines Spezereihändlers ein Buch, das ihn besonders interessierte. Er nahm es, lehnte sich vor dem Laden mit der Brust auf ein Verkaufsgestell und begann zu lesen. In der Stadt fand gerade ein großes öffentliches Fest mit Waffenspielen der Jünglinge, Tänzen der Mädchen und Umzügen statt. Dante las den ganzen Mittag bis zum Abend in der gleichen Haltung in dem Buch, und als man ihn fragte, warum er den Festzug nicht betrachtet habe, stellte sich heraus, daß er von all dem nichts gemerkt hatte. Sienesische Tradition hat das Ereignis an der Stelle lokalisiert, wo die Costarella dei Barbieri auf die Piazza del Campo mündet. Und wenn wir an den Trubel des Palio denken und uns dabei den lesenden Dante in einer Ecke vorstellen, dann wundert uns nicht, wenn er über die Sienesen schreibt:

„Wo wär' ein Volk, das je", sprach ich zum Dichter,
„Siena gleich nach aller Narrheit leckte?
Mich dünkt der Franzmann kaum auf sie erpichter!"
(Inf. 29, 121-123)

Wer auf der Autostrada südwärts in Richtung Rom fährt, mag sich im südöstlichen Zipfel der Toskana bei der Ausfahrt Chiusi daran erinnern, daß Dante dieser alten Etruskerstadt im „Paradiso" den Untergang voraussagt. Damals lag sie in einem üblen Sumpf und Fiebergebiet, die Via Cassia war als Verkehrsweg verödet, und Dante schreibt:

Ein Jammern war's, als ob die Lazarette
Vom Val di Chiana in des Hundssterns Tagen
Und vom Maremmenland in einem Bette

Sich paarten mit Sardiniens Fieberplagen,
Und wie von Schwären kam ein Ruch gezogen,
Die fäulniswirkend Bein und Mark zernagen. –
(Inf. 29, 46-51)

Er konnte nicht voraussehen, daß die Mediceer von der Mitte des 16. Jahrhunderts an hier die Sümpfe trockenlegen und damit dem Land und der Stadt eine neue Zukunft geben würden.

Wir aber nutzen die moderne Autostrada, um nach Norden zurückzukehren, an Florenz vorbeizufahren und erst wieder in Pistoia Station zu machen, der alten ghibellinischen Stadt und Gegnerin von Florenz. Hier entstanden aus Familienstreitigkeiten jene zwei Parteien der „Bianchi" und „Neri", der Weißen und der Schwarzen, deren Namen später in der ganzen Toskana verwendet wurden und die auch im Leben Dantes eine wichtige Rolle spielten. War er doch Parteigänger der „Weißen Guelfen", die den Ghibellinen nahestanden, und wurde als solcher von den „Schwarzen Guelfen" aus Florenz verbannt. In der „Commedia" finden sich keine Anspielungen und Vergleiche, die auf einen Besuch Dantes in der Stadt schließen ließen, wohl aber schildert er im „Inferno" die Begegnung mit Vanni Fucci, einem berüchtigen Räuber, der in der Jakobskapelle des Domes einen Kirchenraub begangen und den „Schatz der Sakristei" gestohlen haben soll.

Anders ist es mit Lucca im Tal des Serchio, der alten Rivalin Pisas. Zu dieser Stadt hatte Dante engere Beziehungen; denn hier lebte er zeitweilig, und das merkt man auch an den persönlichen Anspielungen. Da ist eine der wenigen Stellen im „Inferno", in der sich ein gewisser satirischer Humor bemerkbar macht, wobei Lucca und seine Bürger allerdings nicht besonders gut wegkommen. Dante erzählt, wie er zusammen mit Virgil einen im Pechbrei steckenden Bestechlichen betrachtet und im gleichen Moment ein Teufel mit einem rittlings aufgeladenen Sünder hergeflogen kommt:

„He, Missetatzen", rief er, „taucht den Brocken!
Ich mach' derweil nach weitern Ratsverwandten
Von Santa Zitas Stadt mich auf die Socken.

Weiß dort noch manchen Pechseeaspiranten,
Wo all die Herrn für ein paar Zehnerstücke –
Bis auf Bontur – ihr Ja und Nein verganten."

(Inf. 21, 37-42)

Die Stelle steckt voller Anspielungen auf Lucca, „Santa Zitas Stadt", wie es heißt; denn die Heilige wurde dort seit Beginn des 14. Jahrhunderts verehrt. Ihre Heiligsprechung erfolgte allerdings erst 1696, und ihr Grab liegt in der Kirche S. Frediano. Die Bürger Luccas galten als bestechlich, und wenn der Dichter einen gewissen Bonturo Dati ausnimmt, so ist das wieder eine kleine Bosheit, galt dieser Führer der Volkspartei zu Dantes Zeiten doch als besonders anfällig für „Handwäsche". Der „Volto Santo", von dem die Rede ist, gilt auch heute noch wie zur Zeit Dantes als größtes Heiligtum Luccas. Es ist ein Holzkruzifix, das der Legende nach der hl. Nikodemus aus dem Holz einer Libanonzeder geschnitzt haben soll und das heute im „Tempietto del Volto Santo" im Dom aufbewahrt wird. Da es zur Zeit Dantes hohe

Verehrung genoß, ist die spöttische Anspielung des Teufels um so ärgerlicher. Und schließlich weist er auch noch auf die Fluten des Serchio hin, die damals erfrischender gewesen sein mögen als heute.

Aber da ist noch eine andere Stelle des „Purgatorio", die aufhorchen läßt. Der aus Lucca stammende Dichter Bonagiunta macht Dante auf ein Mädchen aufmerksam:

Und er: „Ich weiß ein Weib, noch ohne Schleier,
Das macht, mag immer man mein Lucca schelten,
Dir Luccas Tage noch zu lieber Feier.

(Purg. 24, 43-45)

„Ohne Schleier", das ist ein Hinweis auf eine Jungfrau, und er meint Gentucca, die Dante wohl in den ersten Jahren seiner Verbannung in Lucca kennenlernte und die ihm den traurigen Aufenthalt dort verschönt und erleichtert haben mag.

Nur 20 Kilometer liegen zwischen Lucca und Pisa, aber die beiden Städte trennten zu Dantes Zeit eine Welt; denn Lucca war mit Florenz verbündet, der großen guelfischen Rivalin Pisas, das als Hochburg der Ghibellinen galt. Dante griff die Stadt in seiner Dichtung mehrfach hart an und verwünschte Pisa im „Inferno":

O Pisa, Schandmal du der schönen Lande,
Wo hell vom Si des Volkes Lippen träufen:
Kommt nicht der Nachbarn Rache bald zu Rande,

So soll Capraia, soll Gorgona häufen
Vorm Arnoausfluß allen Sandes Massen,
Sein Wasser staun und all dein Volk ersäufen!

(Inf. 33, 79-84)

Auch hier begegnet uns wieder der Hinweis auf die Landschaft; denn Capraia und Gorgona sind die beiden der Küste von Pisa und der Arnomündung vorgelagerten Inseln.

Dante hat wahrscheinlich sogar selbst im florentinischen Aufgebot mitgekämpft, das wenige Wochen nach der siegreichen Schlacht von Campaldino 1289 die kleine Festung Caprona bei Pisa belagerte, und von der Besatzung, die sie schon nach acht Tagen an den Guelfenbund übergab, sagte er:

Und ging – so sah ich einst die Söldner beben,
Die feindbedroht Capronas Burg verließen,
Die sie auf freien Abzug übergeben –,

(Inf. 21, 94-96)

Noch heute überragt das kleine Kastell den gleichnamigen Ort, der in keinem Fremdenführer erwähnt wird, den man aber durchfährt, wenn man die berühmte Pfarrkirche Pieve di Calci besuchen will.

Von Pisa aus wenden wir uns nordwärts in die Lunigiana, den nordwestlichen Zipfel der Toskana, mit dem Tal der Magra. Sie spielt im Leben Dantes eine wichtige Rolle, und so ist es auch nicht zu verwundern, daß wir mehrfach landschaftlichen Anspielungen in seinem Werk begegnen. Nach der Verbannung fand der Dichter hier bei den Markgrafen Malaspina Schutz und freundliche Aufnahme. Diese Familie beherrschte in ihren verschiedenen Zweigen weite Teile des Magra-Tales. In dem Kastell über dem kleinen Städtchen Mulazzo soll er lange gewohnt haben, und noch heute heißen dort die Reste eines großen Turmes „Torre di Dante". Ob er auch in der Burg von Villafranca weilte, die ebenfalls den Malaspina gehörte, ist nicht erwiesen.

Es ist ein merkwürdiges Gefühl, wenn man vor den Ruinen des Kastells von Mulazzo daran denkt, daß hier wohl Dante nach der Verbannung erstmals die Arbeit an der „Divina Commedia"

wieder aufnahm. Boccaccio hat in seiner Lebensbeschreibung ausführlich darüber berichtet, und wenn sich auch die Gelehrten immer noch streiten, um welches Mitglied der Familie Malaspina es sich bei dem dort genannten Grafen Moruello handeln könne, so ist doch an der Tatsache nicht zu zweifeln, daß Dante hier oben in der Abgeschiedenheit der Lunigiana seine Dichtung fortsetzte. Er erwies sich aber auch seinen Gastgebern gegenüber dankbar und setzte sein diplomatisches Geschick für sie ein. Dieser Tatsache wiederum verdanken wir eine weitere sicher belegte Nachricht über seinen Lebensweg. Zwei im Archiv von Sarzana (bei La Spezia – heute schon in Ligurien) aufgefundene Urkunden belegen, daß Dante im Bischofspalast von Castelnuovo als Vermittler zwischen den Malaspina, der Gemeinde Bibola und dem Bischof von Luni auftrat und in einer langwierigen Streitsache zwischen den Parteien Frieden stiftete. Der Bischof von Luni residierte damals längst in Castelnuovo; denn Luni gehörte zu den „Toten Städten". Das Fieber der sumpfigen Maremme hatte es entvölkert. Wir hörten seinen Namen schon oben im Vergleich mit Chiusi; noch einmal erwähnt es Dante mit einer ebenso knappen wie treffenden Beschreibung der umliegenden Landschaft:

Und der mit seinem Hinterteil am Bauche
Des Alten geht, ist Aruns: ob den Auen
Der Carraresen, die nach Väterbrauche

Am Marmorberg den Wald zur Rodung hauen,
Aus Lunis Höhle sann er in die Weite,
Sah frei die Sterne ziehn, die Meere blauen.

(Inf. 20, 47-52)

Die Berge von Carrara, von denen hier die Rede ist, waren schon zu Dantes Zeit berühmt wegen ihrer Marmorbrüche. Von hier holten die Römer

Transport von Marmor aus den Bergen von Carrara. Stich (19. Jh.) eines englischen Künstlers

Dantes Grabkapelle (1780) neben der Basilika San Francesco in Ravenna

den kostbaren Stein, von hier holten ihn nach Dante vor allem die Künstler der Renaissance, unter ihnen Michelangelo, von dem man sagte: „Michelangelo ist der Gott von Carrara mit den Händen eines Steinbrechers, mit dem Blick eines Wahnsinnigen und der Gier nach unendlichen Dingen". Noch heute wird der Marmor hier, allerdings mit Hilfe moderner Maschinen, gebrochen.

Wir kehren noch einmal nach Florenz zurück. Dante hat die Heimatstadt nach seiner Verbannung nie mehr betreten dürfen. Neunzehn Jahre lang mußte er in der Ferne leben, es waren die Jahre, in denen die „Göttliche Komödie" beendet wurde. 1321 starb er im Alter von 54 Jahren in Ravenna, wo er auch begraben wurde. Schon 1519 forderte Florenz erstmals die Gebeine des

großen verhaßten und verehrten Sohnes zurück. Als der Papst dieser Forderung zustimmte, verbargen sie die Mönche des Franziskanerklosters von Ravenna, und erst Ende des 18. Jahrhunderts wurden sie unter geheimnisvollen Umständen wiederentdeckt und in ihrer heutigen Grabkapelle beigesetzt. 1864 baten die Florentiner – bisher zum letzten Mal – um die Rückgabe des Toten, erneut verweigerten es die Bürger von Ravenna. Inzwischen hatte man im Pantheon der Stadt Florenz, in der Kirche Santa Croce, 1829 durch Stefano Ricci im südlichen Seitenschiff ein Kenotaph für Dante errichten lassen, um wenigstens auf diese Weise die Erinnerung an ihn neu zu wecken. Es war kein besonders guter Dienst; denn das Grab gehört nicht zu den schönsten dieser an Grabmälern so reichen Kirche, und beim Anblick des mit nacktem Oberkörper auf dem Sarkophag thronenden Dichters kann man sich eines Fröstelns nicht erwehren.

Und so, wie unerfahrene Besucher die „Casa di Dante" in der heutigen Gestalt als das Geburtshaus des Dichters ansehen, so vermuten sie auch in dem leeren Kenotaph sein Grab. Doch die drei Worte der Grabinschrift rücken alles zurecht. Es sind die Worte, mit denen der Geisterchor den Dichter Virgil im 4. Gesang des „Inferno" begrüßt: „Onorate l'altissimo Poeta" – gebt ihm die Ehre, die ihm ziemt vor allen!

Und mit dieser Mahnung, die hier für Dante selbst verwendet wird, verabschieden wir uns auch von ihm.

Die Etrusker

haben überall in der Toskana unübersehbare Spuren hinterlassen. Die Porta all'Arco aus dem 3. Jh. v. Chr. in Volterra gilt als eines der schönsten und monumentalsten erhaltenen etruskischen Stadttore. Die Flanken bestehen aus großen Sandsteinquadern, die Keilsteinbögen der Wölbung aus Travertinblöcken. In den drei verwitterten Köpfen vermutet man Schutzgottheiten der Stadt.

Noch immer beeindrucken in der Einsamkeit der Natur die gewaltigen Blöcke der etruskischen Stadtmauer von Roselle aus dem 6. Jh. v. Chr. Die Mauer dieser Etruskerstadt bei Grosseto erreicht an manchen Stellen eine Höhe von sieben Metern.

Etruskische Grä-
ber weisen eine er-
staunliche Vielfalt
in der Anlage auf.
Oben ein aus
Quadersteinen
gefügtes Aedicula-
Grab in Populonia,
unten der Blick in
eine aus dem Fels
säuberlich heraus-
gehauene Grab-
kammer bei
Sovana.

Etruskische Kunstwerke, die zumeist aus
Gräbern stammen, beeindrucken auch
den modernen Betrachter. Dieser bemalte
Terrakottakopf eines bärtigen Mannes aus
dem 5. Jh. v. Chr. (Arch. Museum
Grosseto) gewinnt seinen Reiz aus der
gekonnten Stilisierung von Haar und
Bart; das geheinnisvoll anmutende Relief
von einer Alabasterurne, auf dem ein
Todesdämon den Verstorbenen in die
Unterwelt geleitet (Arch. Museum
Volterra), ist ein Beweis
für die hochentwickelte realistische
Ausdruckskunst.

Etruskische Kleinbronzen fanden sich unter
vielen Grabbeigaben. Oben links der reizvolle
Figurengriff einer Ziste, daneben ein Figür-
chen eines Mannes in Toga, unten die gravier-
te Rückseite eines Bronzespiegels, in deren
Kriegergestalten griechischer Kunsteinfluß
spürbar ist (alle Arch. Museum Volterra).

Etruskische Gräber bergen oft
prachtvolle Wandmalereien; die
Tomba della Scimmia (Grab
des Affen) bei Chiusi (5. Jh.
v. Chr.) zeigt antike Sport-
szenen wie Speerwerfen, Faustkämpfer und Ringkämpfer, die
von einem Kampfrichter über-
wacht werden.

Die sogenannte „Tagliata
Etrusca" in Cosa bei
Ansedonia wurde zwar
im 2. Jh. v. Chr. von den
Römern geschaffen,
doch geht dieser
Entwässerungskanal in
seiner geradezu genialen
technischen Anlage
auf etruskische
Lehrmeister zurück.

Pisa

gehörte im 11./12. Jh. zu den führenden Seemächten des Mittelmeers. Vom Reichtum der Stadt zeugt die Piazza dei Miracoli, der Heilige Bezirk, mit dem Dom S. Maria und dem Campanile aus dem 12. Jahrhundert, der sich schon bald nach Baubeginn zu neigen begann und heute als „torre pendente" – Schiefer Turm – Weltberühmtheit erlangt hat.

Der Blick vom Schiefen Turm in Pisa geht auf die durch romanische Blendbögen und Arkaden reichgegliederte Apsis und die Kuppel über der Vierung des Domes, der zwischen 1063 und 1160 erbaut wurde; dahinter erblickt man das Baptisterium. Im Mittelalter reichte das Meer noch nahe an die Stadt heran. Heute ist die Küste um 10 Kilometer hinausgeschoben.

Die im 11. Jahrhundert entstandene Fassade des Domes von Pisa ist ein Meisterwerk toskanischer Romanik und in ihrer klaren, reichen Gliederung von beeindruckender Schönheit. Auf ihrer Spitze steht die Madonna, ein Werk von Andrea Pisano.

Die Porta San Ranieri am Dom gegenüber dem Campanile hat eindrucksvolle Bronzeflügel, die 1180 von dem Bildhauer Bonanus gegossen wurden (links). Die einzelnen Reliefs, bei denen nur die Köpfe vollplastisch heraustreten, zeigen Szenen aus dem Leben Jesu und Mariens, so (unten) die Geburt Christi mit Hirten und Engeln.

Blick in das von 68 monolithischen Säulen geprägte Mittelschiff des Domes von Pisa. Links die berühmte Kanzel (1302-11) von Giovanni Pisano, die im 16. Jahrhundert abgebrochen und erst 1926 wieder aufgebaut wurde.
Das Mosaik (um 1300) in der Apsis zeigt den thronenden Christus, flankiert von Maria und Johannes dem Täufer, dessen Figur Cimabue schuf.

Das Baptisterium, die Taufkirche des Domes, wurde 1153 begonnen, aber erst zweihundert Jahre später fertiggestellt. Daher läßt sich deutlich das romanische Untergeschoß von den gotischen Zierformen der Obergeschosse unterscheiden.

Wie der Dom besitzt auch das Baptisterium eine durch Reliefs mit Szenen des Lebens Jesu geschmückte Kanzel (1259/60), die von Niccolò Pisano geschaffen wurde. Er hatte mit seinem Sohn Giovanni zeitweise auch die Bauleitung des Baptisteriums.

Zum Dombezirk in Pisa gehört auch der Camposanto,
der bis ins 18. Jahrhundert als Begräbnisstätte diente. Links oben
die Rundbogenarkaden des Kreuzgangs, darunter einer der heute hier
aufgestellten antiken Marmorsarkophage unter den Wandgemälden.

Das monumentale Fresko „Triumph des Todes", das ein unbekannter Meister um die Mitte des 14. Jahrhunderts schuf, ist das eindrucksvollste Wandbild im Camposanto. Die realistische Szene zeigt die Begegnung einer in zeitgenössische Gewänder gekleideten Jagdgesellschaft mit einem Eremiten, der die Vergänglichkeit des Lebens an den offenen Särgen von drei toten Königen beweist.

Der Arno, an dessen Ufern sich Adelspaläste und Kirchen reihen, teilt Pisa in zwei fast gleiche Stadthälften.

Lucca

ist eine der reizvollsten Städte der Toskana, deren Geschichte bis in vorrömische Zeit zurückreicht. Vom Reichtum der Stadt im Mittelalter, der auf der Produktion von kostbaren Stoffen und der Bedeutung als wichtiges Handelszentrum beruhte, zeugen zahlreiche imposante romanische Kirchen.

San Michele in
Foro, die Michaels-
kirche in Lucca, mit
ihrer als Schauwand
gestalteten fünfge-
schossigen Fassade
aus dem 13. Jh.
dokumentiert mit
der aufwendigen
Arkadengliederung
den Reichtum und
Stolz der Bürger,
die diese Kirche in
Konkurrenz zum
Dom des Bischofs
errichteten.

Der Glockenturm
des Domes San
Martino in Lucca
ist wie die reich
inkrustierte Arkaden-
fassade ein Meister-
werk der Romanik
des 12./13. Jh.

Das Grabmal der
Ilaria del Carretto
(unten) von Jacopo
della Quercia (um
1406) ist ein beson-
ders reizvolles Bei-
spiel der reichen
Innenausstattung
des Doms. Es zeigt
die junge Frau eines
Signore von Lucca,
die im Kindbett
gestorben war.

Der „Volto Santo" – das Heilige Antlitz – im Dom von Lucca. Nach der Legende wurde dieses Holzkreuz (11. Jh.) vom heiligen Nikodemus mit Hilfe eines Engels aus dem Holz einer Libanonzeder geschnitzt und gelangte auf abenteuerlichem Wege nach Lucca, wo es seit dem Mittelalter verehrt wird.

Die Basilika
S. Frediano in Lucca
stammt aus dem
12. Jahrhundert;
sie liegt an der Stelle,
an der der irische
Missionar Fredianus
im 6. Jh. eine Kirche
erbaute.
Fredianus errichtete
als Bischof von
Lucca auch
den Gründungsbau
des Doms.
Die Fassade zeigt ein
prächtiges Mosaik der
Himmelfahrt Christi,
darunter
die 12 Apostel,
ein Werk im
italienisch-
byzantinischen Stil
aus der Werkstatt des
Berlinghiero (13. Jh.)

Pistoia

ist wie Pisa und
Lucca eine Gründung
der Römer, deren
Blütezeit vom 11. Jh.
bis zur Niederlage
gegen Florenz 1251
reichte.
Der 67 Meter hohe
Campanile des
Domes besticht durch
seine originellen
Obergeschosse aus
dem 13. Jahrhundert.

Der Silberaltar des
heiligen Jacobus im
Dom (rechts) gilt als
eines der bedeutend-
sten Werke italieni-
scher Feinschmiede-
kunst (13./15. Jh.).
Ebenso berühmt ist
die herrliche Kanzel
in Sant' Andrea (1298-
1301), die zu den
Hauptwerken des
Bildhauers Giovanni
Pisano zählt.

Der Türsturz (1166)
der gleichen Kirche
(unten) zeigt eine
archaisch anmutende
Darstellung der Heili-
gen Drei Könige,
links vor Herodes,
rechts bei der An-
betung des Kindes.

Das Holzkreuz (links) auf einem Seitenaltar von Sant' Andrea in Pistoia stammt ebenfalls von Giovanni Pisano (um 1300), es paßt sich harmonisch in das Fresko einer Kreuzigungsszene von Sodoma (16. Jh.) ein.

Vom Monte Albano fällt der Blick auf den kleinen Ort Vinci, in dem Leonardo da Vinci geboren wurde.

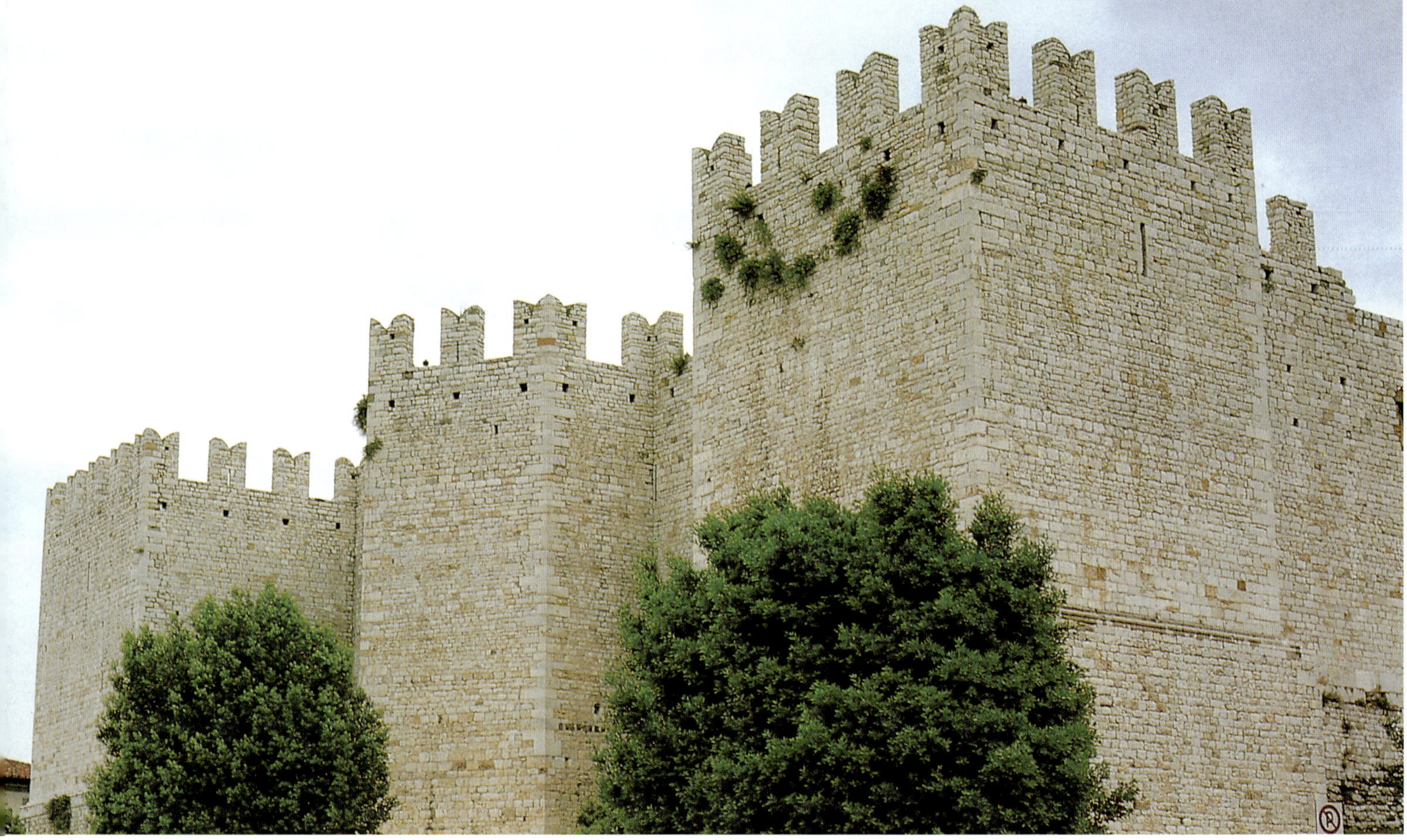

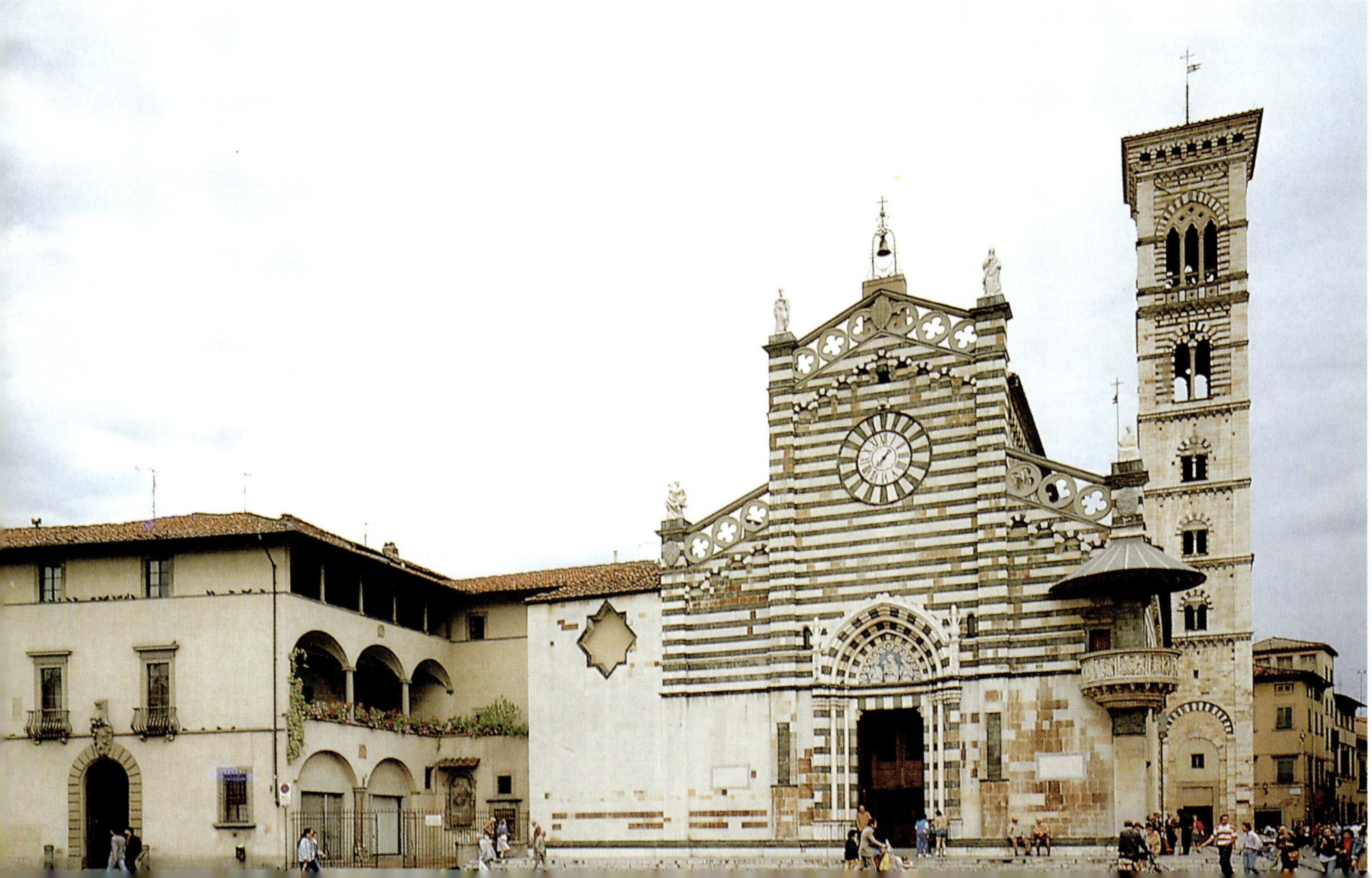

Prato,

heute eine exportorientierte Textilstadt, war schon im Mittelalter wegen seiner Textilherstellung und seiner Goldschmiede bekannt.
Von der bewegten Geschichte der Stadt im Kampf zwischen Guelfen und Ghibellinen zeugt das Castello dell'Imperatore, das der Staufer Friedrich III. 1248 als Stützpunkt an der Kaiserstraße nach Apulien und Sizilien errichten ließ (links oben).

Der Dom Santo Stefano aus dem 13. Jh. erhielt im 14./15. Jh. seine gotische West-fassade mit einer durch Reliefs tanzender Putten geschmückten Außenkanzel von Donatello (links unten).

Hauptsehenswürdigkeit des reich ausgemalten Domes sind die Fresken (ab 1452) von Filippo Lippi im Hauptchor (rechts) mit Szenen aus dem Leben des hl. Stephanus und Johannes d. T. (unten).

Fiesole,

auf einem Bergrücken über dem Arnotal gelegen, ist älter als das benachbarte Florenz, dem der Ort schon seit dem 15. Jh. als Villenvorort diente. Gegründet im 7. Jh. von den Etruskern war die Stadt später römisch, wovon beachtliche Reste (unten) zeugen. In San Domenico erinnert die „Madonna mit Dominikanerheiligen" an den Maler Fra Angelico, der bis 1437 in diesem Konvent lebte.

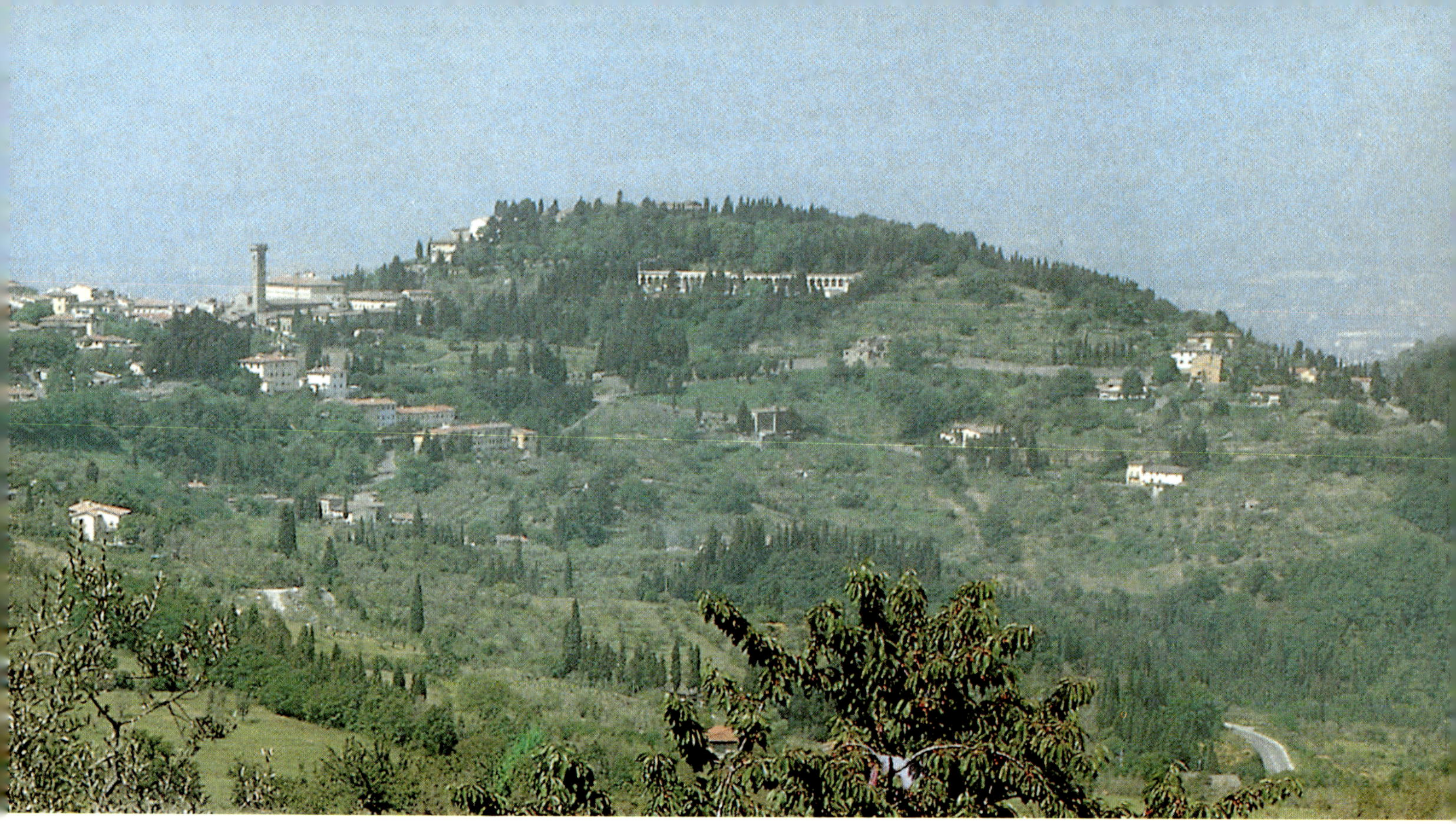

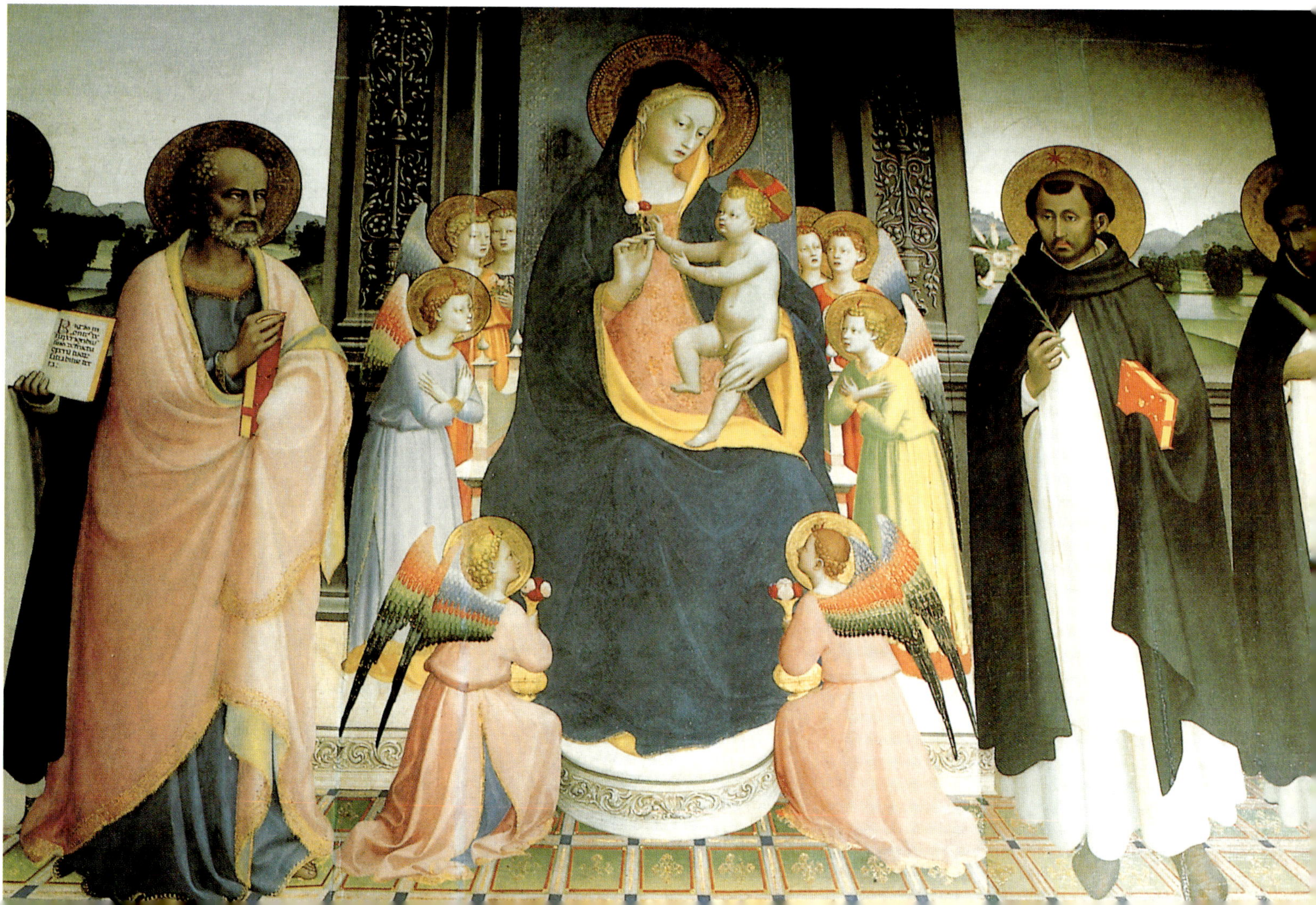

Florenz

die Hauptstadt der
Toskana, geht in ihren
Anfängen auf eine
von Cäsar 59 v. Chr.
gegründete Veteranen-
siedlung zurück. Die
vom Arno durchflosse-
ne Stadt stand bis ins
12. Jh. wirtschaftlich
und kulturell im
Schatten von Orten
wie Pisa und Lucca,
erlebte dann aber seit
dem 13. Jh. einen un-
geheuren Aufschwung
als Handwerks-, Han-
dels- und Kunststadt,
von dem aus öffent-
lichen Mitteln geför-
derten Bauten wie der
Palazzo Vecchio, der
Dom, die Ordens-
kirchen Santa Maria
Novella, Santa Croce,
Santo Spirito bis
heute zeugen. Diese
Bauten sind zwar
noch von der
Romanik und Gotik
bestimmt, zeigen aber
auch schon Züge
einer Protorenaissance.

Das Kloster San Marco (links) ist eine Stiftung Cosimo de'Medicis, der nach Kämpfen unter den führenden Geschlechtern der Stadt 1434 als „pater patriae" aus der Verbannung nach Florenz zurückkehrte und zum Herrn der Stadt aufstieg.

Das Kloster der Dominikaner, das sich um einen Kreuzgang (rechts oben) gliedert, ist in seiner kostbaren künstlerischen Ausstattung der Zellen und Gemeinschaftsräume geprägt von den Fresken und Altarbildern des Malermönches Angelico, den man schon zu seinen Lebzeiten Beato – den Seligen – nannte (oben: Kreuzabnahme, unten: Dominikus in Anbetung des Gekreuzigten, Marienkrönung).

Im Kloster San Marco
ist auch die Zelle des
Savonarola erhalten,
jenes fanatischen
Predigers, der den
Luxus der Medici
anprangerte,
ihre Vertreibung aus
der Stadt 1494 mitbe-
wirkte, für kurze Zeit
eine „Republik Gottes"
in Florenz errichtete
und 1498 auf der
Piazza Signoria
hingerichtet wurde.
Das Bild des Predigers
von Fra Bartolomeo
hängt in der sorgfältig
rekonstruierten Zelle.

Rechte Seite:
Der Dom mit seiner
ragenden Kuppel,
dem Meisterwerk
Brunelleschis,
beherrscht das
Stadtbild von Florenz.
Links erhebt sich der
von Giotto 1334
begonnene Campanile,
rechts der Turm der
Palazzo Vecchio.

Brunelleschis Domkuppel präsentiert sich besonders eindrucksvoll von der Ostseite, wo die Halbkuppeln der Chorkapelle und der Querhausabschlüsse den Schwung der Kuppel gleichsam vorbereiten und die statisch wichtigen Exedren (über den Sakristeien) zwischen diesen die Choransicht optisch bereichern. Die aufsteigenden Wände sind von Brunelleschi durch farbige Inkrustation, Rundbögen, vorgelegte Säulen und reichgestaltete Gesimse an den Kuppelansätzen gestaltet und dynamisch belebt.

Vor der West-
fassade des Doms
liegt das
achteckige
Baptisterium,
eine der ältesten
Kirchen der Stadt
(ab 1059), dessen
romanische For-
men vor allem
durch die Gliede-
rung durch ver-
schiedenfarbigen
Marmor der Archi-
tektur der Früh-
renaissance wich-
tige Impulse gaben.

Das Kuppelmosaik
(unten), das vene-
zianische Meister
ab 1220 ausführ-
ten, zeigt Christus
als Weltrichter
und Szenen aus
der Genesis und
dem Leben Jesu.

Linke Seite:
Weltberühmt sind die Bronzeportale des Baptisteriums. Andrea Pisano
schuf 1330-36 die Felder des Südportals mit Szenen aus dem Leben des
Täufers Johannes (links). Lorenzo Ghiberti fertige 1403-24 das Nordportal
und 1426-52 die sogenannte Paradiestür im Osten mit Szenen des Alten
Testaments (unten links: Geschichte von Jakob und Esau) und Gestalten
von Propheten in den seitlichen Rahmen.

Der Palazzo der Medici, an dessen Wand das Familienwappen mit den
sechs Kugeln durch Zufügung von Tiara und Schlüsseln Petri betont,
daß aus der Familie Medici auch zwei Päpste stammen, verkörpert in
seiner kubischen, im Erdgeschoß durch Rustikaquadern akzentuierten
Gestalt den Typ des Florentiner Stadtpalastes, dessen Flügel einen Innenhof
umschließen. Der Palast wurde um 1444 von Cosimo de'Medici begonnen
und 1584 von dem neuen Besitzer Francesco Riccardi in der Hauptfront
verlängert.

Vor dem Palazzo Vecchio (unten),
dem Amtssitz der Stadtregenten
(Signori) und später der Medici-
Herzöge, drängen sich zu allen
Jahreszeiten die Touristen.
Der Bau, vor dem eine Kopie
des „David" von Michelangelo
und „Herkules tötet Cacus" von
B. Bandinelli steht (1533-34),
wurde von 1299-1302 von Arnolfo
di Cambio errichtet und später
mehrfach erweitert.

Das Reiterdenkmal Cosmos' I.
de'Medici auf der Piazza Signoria
(oben links) wurde 1587-95 von
Giovanni da Bologna geschaffen.
Der benachbarte Herkulesbrunnen
(oben rechts), ein Werk von
Bartolommeo Ammanati,
wurde aus Anlaß der Hochzeit
Francesco de'Medicis mit Johanna
von Österreich 1565 aufgestellt.

Vom Palazzo
Vecchio mit
seinen hero-
ischen Stand-
bildern geht
der Blick über
den Neptuns-
brunnen und
das Reiter-
denkmal bis zu
Brunelleschis
Domkuppel.

Die Geschichte der Medici als Herren von Florenz und später der Toskana beginnt mit der triumphalen Rückkehr Cosimos d. Ä. aus dem Exil, die Giorgio Vasari 1555-62 in einem Gemälde im Palazzo Vecchio darstellte (oben). – Von Vasari stammt auch das Porträt des Lorenzo Magnifico in den Uffizien, das zeigt, daß der „Prächtige" kein hübscher Mann war (unten links). – Raffael malte das Bildnis von Papst Leo X. aus dem Haus Medici mit seinem Neffen Giulio, dem späteren Papst Clemens VII. (Uffizien).

Durch geschickte Heiratspolitik wurden zwei Medici-Prinzessinnen Königinnen von Frankreich. Katharina de'Medici heiratete 1532 Heinrich II. (unten links: Gemälde von G. Vasari im Palazzo Vecchio), Maria de'Medici heiratete 1600 Heinrich IV. von Frankreich und führte die Regentschaft für ihren Sohn Ludwig XIII. (unten rechts: Gemälde von P. P. Rubens). – Berühmt sind die Villen der Medici in der Umgebung. Oben links: die Villa in Poggia a Caiano, oben rechts: die Villa di Castello von Cosimo I.

Die Kirche San Lorenzo in Florenz, 1421-69 nach Plänen von Filippo Brunelleschi erbaut, ist die Grabkirche der Medici. In der Alten Sakristei, die Brunelleschi um 1422 als ersten Zentralbau der Renaissance errichtete, ist das Grab des Stammvaters des Geschlechts, Giovanni di Bicci de'Medici. In der neuen Sakristei schuf Michelangelo (1520-34) die Grabmäler der Medici-Herzöge Giuliano und Lorenzo (rechts oben) mit den berühmten Liegefiguren der „Tageszeiten". In der Fürstenkapelle mit ihrer prunkvollen Barockausstattung stehen die Sarkophage und überlebensgroßen Figuren der Medici-Großherzöge Cosimo II. und Ferdinando I. (rechts unten).

Florenz verdankt seinen Ruf als Kunststadt
nicht nur den Gemälden in den Uffizien oder
den Galerien des Palazzo Pitti, sondern
vor allem auch seinen Kirchen, die mit ihrer
kostbaren Ausstattung wahre Schatzkammern
gotischer und Renaissancekunst sind.

So verbergen sich hinter der, durch verschieden-
farbige Marmorinkrustation gegliederten Fassade
(11. Jh.) der Klosterkirche S. Miniato al Monte
(oben und links), einem typischen Bau
der Florentiner Protorenaissance, prachtvolle
Fresken, Tafelgemälde, Mosaiken und
inkrustierte Einbauten.

Rechte Seite:
In der Augustinerkirche Santo Spirito, die 1434-
1482 nach den Plänen des großen Architekten
Filippo Brunelleschi erbaut wurde, findet sich
eine ähnlich reiche Ausstattung an Altarbildern.
Vor allem aber beeindruckt hier die Schönheit
des von den Säulen bestimmten Innenraums, in
dem sich die Kunst der Renaissance besonders
klar ausdrückt.

Daß auch die Franziskanerkirche Santa Croce, die ab 1294 erbaut wurde und architektonisch ein Meisterwerk italienischer Gotik ist, überreich mit Fresken, Gemälden, Glasfenstern und Skulpturen – vielfach Stiftungen der großen Florentiner Familien – ausgestattet ist, läßt sich am Blick in den Hauptchor (rechts) mit Fresken von Agnolo Gaddi (um 1390) ablesen. Viele Fresken dieser Kirche und ihrer Kapellen stammen von Giotto und seinen Schülern.
Unter den zahlreichen Grabmonumenten in den Seitenschiffen beeindruckt besonders das Grabmal Michelangelos mit Personifikationen der Malerei, Skulptur und Architektur (unten).

Die Dominikanerkirche Santa Maria Novella (1246-1300) ist zwar ein Bau der Gotik, wie es der Blick in den Innenraum (oben links) klar erkennen läßt, die Fassade (oben rechts), die nach Plänen von Leon Battista Alberti 1458 vollendet wurde, ist dagegen ein Werk der Renaissance.

Einen Glanzpunkt der Ausstattung bilden die Fresken Ghirlandaios in der Chorkapelle (1486-90) mit Szenen des Marienlebens. In der „Heimsuchung" (unten) hat der Maler die Frau des Stifters Tornabuoni als Zuschauerin porträtiert.

Von den beiden Kreuzgängen des Klosters Santa Maria Novella ist der „grüne Kreuzgang" (um 1357) mit seinen in Grün gehaltenen Fresken (u. a. von Ucello) besonders eindrucksvoll (oben).

Der Kapitelsaal (um 1355), bekannt als „Spanische Kapelle", ist mit Fresken (um 1590) von Alessandro Allori ausgestattet. Die rechte Kapellenwand (unten links) zeigt die „Kirche" auf dem „Weg zum Himmel" mit vielen Dominikanern. Im Gewölbe (unten rechts) das „Schiff Petri", eine weitere Allegorie der Kirche.

Das Ospedale degli innocenti, das Findelkinder-
haus, wurde 1419 von Brunelleschi begonnen.
Der schöne Renaissancebau ist besonders bekannt wegen der Findelkinderreliefs in Majolika
(1487) von Andrea della Robbia (links).

Der 1457 begonnene Palazzo Pitti mit seinen
gewaltigen Rustikaquadern (unten) ist ein Werk
der Hochrenaissance und des Barock.
Der schloßartige Palast war vom 17.-19. Jh.
Residenz der Großherzöge der Toskana und
beherbergt neben der berühmten Galleria
Palatina weitere sieben Sammlungen und eine
reiche Innenausstattung.

Rechte Seite:
Ein Bildnis Dantes, der seine „Divina Comedia"
zeigt, vor einer Ansicht der Stadt und des
„Bergs der Läuterung" malte 1465 Domenico di
Michelino an der Wand des nördlichen Seiten-
schiffs im Dom.

LVSTRAVIT QVE ANIMO CVNCTA POETA SVO··· DOCTVS ADEST DANTES SVA QVEM FLORENT
··TO NVOBS SAEVA NOCERE POETAE··· QVEM VIVVM VIRTVS CARMEN IMAGO FACIT

San Gimignano,

die Stadt der Geschlechtertürme, ist berühmt wegen seines weitgehend
erhaltenen mittelalterlichen Stadtbilds. Die kleine Bergstadt, deren Blütezeit durch Handel und Safrananbau im 12./13. Jh. lag, begab sich,
geschwächt durch Geschlechterkämpfe in Verbindung mit den Macht-
kämpfen zwischen Guelfen und Ghibellinen, 1352 unter den Schutz von
Florenz.

Linke Seite:
Zwischen Florenz und San Gimignano erstreckt sich das Hügelland des
Chianti-Gebiets, dessen Weine Weltruf besitzen.

In der auch als Dom bezeichneten Kirche S. Maria Assunta besitzt San Gimignano eine bemerkenswerte Freskenausstattung. Im linken Seitenschiff malte Bartolo di Fredi um 1367 einen Zyklus mit Szenen des Alten Testaments (oben: Auszug der Israeliten aus Ägypten). Im rechten Seitenschiff malte ein sienesischer Meister in der Nachfolge Simone Martinis um 1350 einen besonders umfangreichen Zyklus mit neutestamentlichen Szenen (links: Judas verrät Jesus am Ölberg).

Siena,

die auf drei Hügeln erbaute Stadt, die ihre Gründung der Legende nach auf Senius, den Sohn des sagenhaften Romgründers Remus zurückführt, ist umgeben vom Hügelland der „Crete", einem kargen Ton-Lehmgebiet.

Die von Palästen und Stadthäusern des 14./15. Jh. umgebene Piazza del Campo in Siena ist mit seiner unregelmäßigen Rundform einer der eindrucksvollsten Plätze des italienischen Mittelalters. Hier findet alljährlich zweimal der weltbekannte „Palio" statt, ein Pferderennen, das unter 10 der 17 Contraden (Stadtvierteln) ausgetragen wird.

Der Palazzo Pubblico (13. Jh.) an der Querseite der Piazza (unten) war Sitz der Stadtregierung und beherbergt heute das Museo Civico mit seinen reichen Beständen sienesischer Kunst (unten).

Der Dom Santa Maria, um 1210 begonnen, ist von der Gotik geprägt, das zeigt besonders die Fassade (ab 1284), die Giovanni Pisano in Anlehnung an Bauten der französischen Gotik errichtete, und der reich ausgestattete Innenraum mit seinen Bündelpfeilern und Kreuzgewölben. Die mächtige Vierungskuppel hat als Vorbild die Kuppel des Doms von Pisa.

Der Dom von Siena gehört
zu den an Kunstwerken
reichsten Kirchen des
Abendlandes.

Herausragende Beispiele der
Prachtausstattung sind die
Kanzel (1266-68) von
Niccolò Pisano, die einzig-
artigen Intarsienbilder
(15./16. Jh.) des Fußbodens
mit Sibyllen, Propheten
und Szenen des Alten
Testaments und die Fresken
(1502-07) von Pinturicchio
in der Libreria Piccolomini,
die Szenen aus dem Leben
des Humanisten Enea Silvio
Piccolomini, des Erz-
bischofs von Siena und
späteren Papstes Pius II.
zeigen (rechte Seite:
Piccolomini erhält von
Papst Calixtus IV. den
Kardinalshut, Krönung des
Piccolomini zum Papst.)

...EAS SENEN...

...CARDINALIS SENEN. AC... ...PONT. DELIG...

Die hl. Katharina von Siena (1347-80), die Nonne im Dominikanerorden war und maßgeblich die Beendigung des Schismas der Kirche und die Rückkehr der Päpste von Avignon nach Rom bewirkte, ist – zusammen mit Franz von Assisi – Patronin Italiens.

In der Kirche S. Domenico (unten), in der die Mystikerin ihre erste Christusvision hatte, findet sich in der Kapelle, die an dieses Ereignis erinnert, das wohl älteste Bild der Heiligen (um 1380) von Andrea Vanni.

Arezzo

ist eine Stadt, deren Geschichte bis ins 7. Jh.
v. Chr. zurückreicht, als die Etrusker sich hier
auf dem Hügel ansiedelten. Im heutigen Stadtbild hat sich vieles aus dem 12./15. Jh. erhalten,
so die Bauten an der Piazza Grande (links). Die
Stadt stand in den Kämpfen der Guelfen und
Ghibellinen auf seiten der Kaiserlichen und
diente kaisertreuen Sienesen 1269 nach der
vernichtenden Niederlage Sienas durch das
guelfische Florenz in der Schlacht bei Monteriggione als Fluchtort.

Die Festungsstadt Monteriggione (unten) wurde
1203 von der Stadt Siena als Vorposten gegen
Florenz errichtet.

Hauptsehenswürdigkeit
für Kunstfreunde sind die
Fresken (1453-64)
mit Szenen der Kreuz-
auffindungslegende von
Piero della Francesca
im Chor der Kirche
S. Francesco in Arezzo, die
erst 1911 wieder freigelegt
wurden. In zeitgenössischer
Tracht zeigt der Maler die
Königin von Saba mit ihrem
Gefolge, die den späteren
Kreuzesstamm als geheiligt
erkennt und verehrt (rechts).
Das Bild der Schlacht,
in der Kaiser Heraklius
den Perserkönig Chosroes,
der das heilige Kreuz aus
Jerusalem geraubt hatte,
besiegt (unten), mag schon
bei der Entstehung des
Bildes etwa an die Schlacht
bei Campaldino erinnert
haben, in der Arezzo 1289
von dem guelfischen
Florenz besiegt wurde.

Pienza
Die Geburtsstadt des Enea Silvio Piccolomini, die ursprünglich Corsignano hieß, wurde nach dessen Wahl zum Papst Pius II. umbenannt und im Auftrag des Papstes zwischen 1459 und 1462 nach Plänen von Bernardo Rosselino praktisch neugebaut. So entstand vor allem um den Domplatz ein Bauensemble reiner Renaissancearchitektur, wie sie sich an der durch Pilaster, Säulen und Rundbögen gegliederten Fassade des Domes erkennen läßt.

Auch der Innenhof des Palazzo Piccolomini neben dem Dom von Pienza ist mit seinen Säulenarkaden ein typisches Beispiel für die Renaissancearchitektur. Der Bau folgt in seiner Horizontalgliederung dem Vorbild des Palazzo Ruccelai in Florenz.

Renaissancearchitektur, wie sie von Bramante vorgeprägt war, verkörpert gleichfalls die Wallfahrtskirche Madonna di San Biagio bei Montepulciano, die 1518-40 von Antonio da Sangallo d. Ä. als vorbildhafter Zentralbau errichtet wurde.

Pittigliano

ist ein schon zur Zeit der Etrusker besiedelter Ort, der ähnlich wie das benachbarte Sorano malerisch auf einem Tuffplateau liegt und so eine der eindrucksvollsten Stadtansichten der Südtoskana bildet.

Die reizvolle Küstenlandschaft des Monte Argentario, einer Halbinsel am Südende der Toskana, ist ein Ferienplatz, von dem aus sich Exkursionen in das Etruskergebiet anbieten.

Massa Marittima

war im Mittelalter ein bedeutendes Zentrum der Maremmen, verlor dann durch die Malaria seine Bedeutung und war fast entvölkert, was freilich dem Erhalt der mittelalterlichen Bausubstanz zugute kam. Die Stadt blühte erst wieder auf, als die bereits von Römern und Etruskern genutzten Vorkommen an Eisen, Kupfer und Silber in den Colline metallifere erneut erschlossen wurden.

Der Dom San Cerbone (1228-1304) entspricht in seiner Anlage und der prachtvollen Fassadengestaltung Vorbildern der Pisaner Romanik.

Kostbarer Besitz des Domes
ist die „Madonna delle Grazie" (1315) aus
der Schule des Sieneser Meisters Duccio.

Das aus einem Travertinblock gefertigte
Taufbecken des Doms zeigt Szenen aus
dem Leben des Täufers Johannes (1267).

Volterra

Der Platz dieser Stadt auf einem Hügel zwischen Cecina- und Eratal zählt zu den ältesten Siedlungsplätzen der Toskana. Hier finden sich schon Spuren der Villanova-Kultur (1. Jahrtausend v. Chr.). Die „Balze", ein Gebiet von großen Erdrutschen (unten) haben von der Etruskerstadt (seit dem 5. Jh.) manches in den Abgrund gerissen; dennoch blieb aus etruskischer Zeit vieles erhalten und ist in das Bild der mittelalterlichen Straßenzüge (rechts), in Stadtmauern und Toren integriert.

Die Kunst der Alabasterverarbeitung, die schon zur Zeit
der Etrusker in Volterra für ausdrucksvolle figürliche Reliefs
auf Sarkophagen genutzt wurde, wobei das leicht zu
bearbeitende Material die Schnitzer oft zu virtuosen
Leistungen anstachelte, blüht heute wieder in über 100
Handwerksbetrieben.

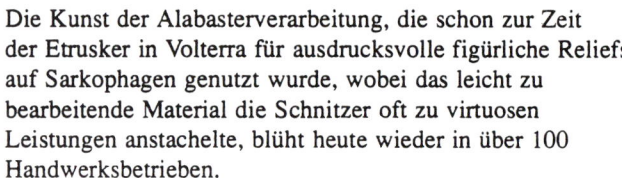

Das Museo Etrusco Guernacci in Volterra geht auf Stiftungen zweier Domherren zurück, die im 18. Jh. ihre umfangreichen Sammlungen etruskischer Funde stifteten. Die Sammlung enthält über 600 oft reich relieffierte etruskische Aschenurnen und Sarkophage sowie reiche Bestände an Schmuck und etruskischen Bronzen.

Die Bedeutung, die Volterra auch zu römischer Zeit hatte, dokumentieren die Ruinen eines Theaters aus augusteischer Zeit (unten).

Spurensuche

in der Toskana führt oft über antike Straßen, wie hier bei der alten Etruskerstadt Roselle. Und gerade diese Nebenstraßen sind es, die den Reisenden auch im Zeitalter des Massentourismus noch zu persönlichen Entdeckungen führen können.

Die Stadt der Jungfrau –
Geschichtsspuren in Siena

Die Hügel prägen das Bild der Stadt. Das merkt der Betrachter aus der Ferne, wenn er, vom Norden kommend, die prachtvolle Silhouette Sienas bewundert, das merkt der Besucher, der die Engen der Gassen der Altstadt durchwandert. Florenz ist das große Freilichtmuseum der Renaissance, Siena ist auch heute noch, wenn sich nicht gerade die Touristenmassen dort drängen, vorwiegend also am Morgen und am Abend, an schönen Frühlings- und an düsteren Herbsttagen eine Stadt, in der das Mittelalter zu leben scheint und sich deshalb auch dessen Spuren besonders eindrucksvoll manifestieren. Die Geschichte Sienas ist kürzer als die von Florenz; nur wenige Jahrhunderte spielte es eine wichtige Rolle in der Toskana, doch gerade sie haben die Stadt bis zum heutigen Tage geprägt.

Noch immer, wie im Mittelalter, umgeben die alten Mauern, unterbrochen nur durch die Lücke an der Fortezza Medicea im Westen die Stadt. Wer Siena betreten will, wird durch eine der alten Toranlagen hereinkommen, und wer es gar durch die Porta Camollia im Norden betritt, wo die alte Straße von Florenz einmündet, den erwartet eine kleine, in kaum einem Fremdenführer vermerkte Überraschung; denn wenn er zum Stirnbogen hinaufblickt, liest er dort „Cor magis tibi Sena pandit" – Weiter als dieses Tor öffnet dir Siena sein Herz. Einen schöneren Willkommensgruß kann man kaum erwarten. Ganz klein allerdings sollte vielleicht die Warnung darunter stehen „Aber du mußt auch gut zu Fuß sein, wenn du mich wirklich kennenlernen willst!"

Hier an der Porta Camollia erlebte Siena einen stolzen Tag seiner Geschichte; denn hier führte 1451 Enea Silvio Piccolomini, der damalige Bischof der Stadt, von dem noch viel zu sagen sein wird, dem jungen römisch-deutschen Kaiser Friedrich III. Prinzessin Eleonora von Portugal als Braut zu. Noch heute erinnert eine Gedenksäule

an diesen feierlichen Staatsakt. Vor diesem Tor schlugen 1526 die Sieneser in ihrem letzten gemeinschaftlich erfochtenen Sieg die Truppen des Papstes Clemens VII.

Aber damit sind wir schon mitten in der Geschichte der Stadt, genauer gesagt, fast am Ende ihrer großen Zeit, und es wird gut sein, wenn wir während des langen, langweiligen Weges von hier bis zum Zentrum auf der Piazza del Campo ein wenig über die Geschichte nachdenken.

Im Gegensatz zu Florenz und anderen toskanischen Städten war Siena weder eine etruskische noch eine nennenswerte römische Siedlung. Zwar haben sich die Sieneser eine Gründungslegende zurechtgezimmert, die sie in Zusammenhang mit der Gründung Roms bringt und eine Erklärung für die Wölfin in ihrem Wappen und den angeblich schon aus frühester Zeit stammenden Beinamen „Urbs lupata" – Wolfsstadt – liefert, aber so recht mag man es ihnen nicht abnehmen. Glaubwürdiger sind schon die Angaben, daß Siena wahrscheinlich zu Beginn des 4. Jahrhunderts ein Bischofssitz wurde. 751 wird dann die Stadt erstmals in einer Urkunde erwähnt, aber erst 1147 begann mit der Vertreibung des damaligen Bischofs der Aufstieg der Bürgergemeinde, der Comune, und die Ausdehnung der Stadt über ihre drei Hügel. So bildeten sich hier auch nicht „Viertel", sondern Stadtdrittel – Terzi, das Terzo di Camollia im Norden, das Terzo di Città, also der eigentliche Stadtkern im Westen, und das Terzo di S. Martino im Osten. Die in der Stadt lebenden Adligen und die Bürger schlossen sich in Handelsgesellschaften zusammen. Was den wirtschaftlichen Aufstieg bedeutete, brachte auch die Auseinandersetzung mit den Nachbarstädten, vor allem die Rivalität mit Florenz. Man vermag es in unserer politisch so veränderlichen und schnelllebigen Zeit kaum richtig zu realisieren, daß die kriegerischen Spannungen zwischen diesen bei-

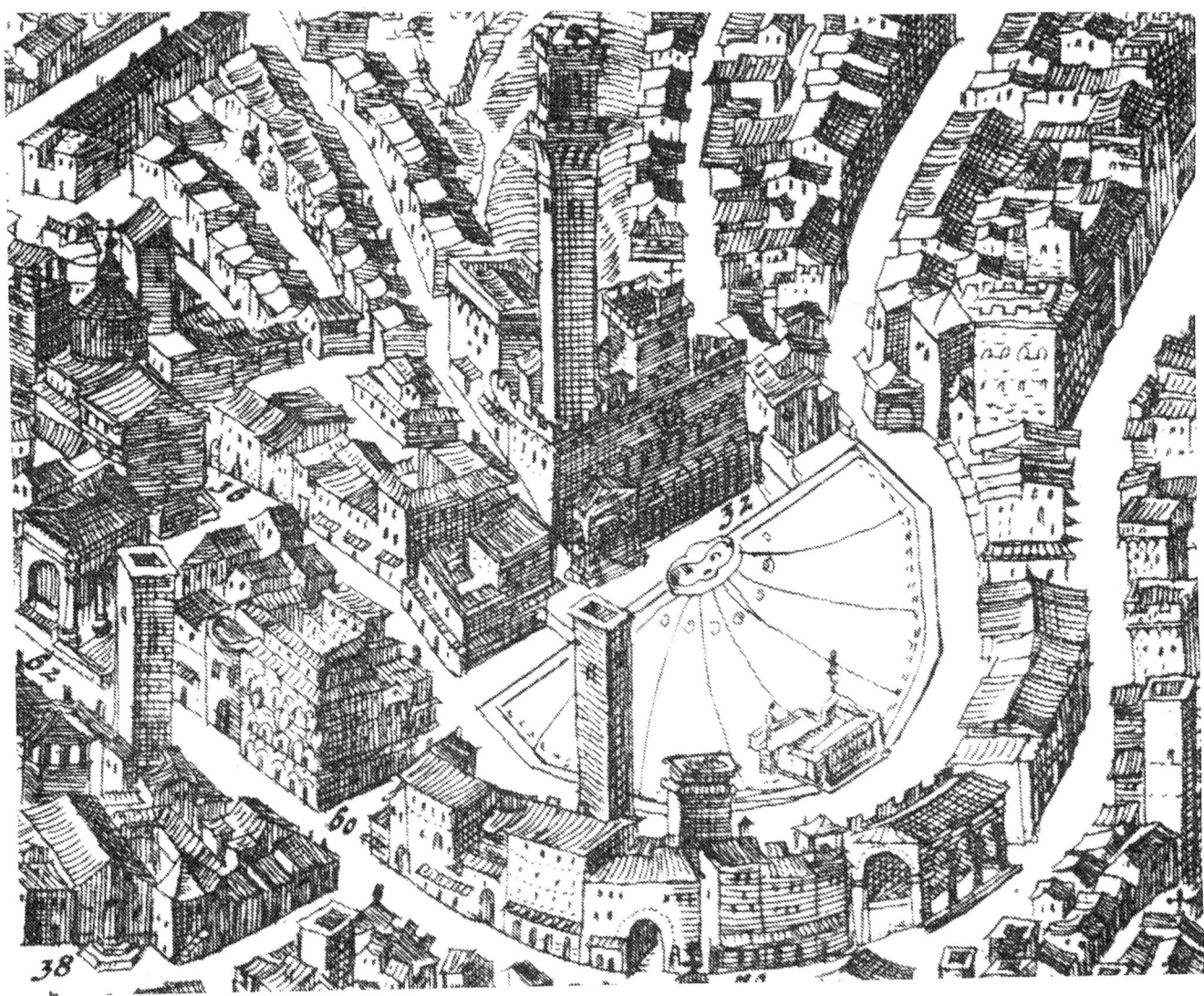

Die Piazza del Campo in Siena. Stich (18. Jh.) nach einem Bild von Francesco Vanni (1595)

den nur knapp sechzig Kilometer voneinander entfernt liegenden Städten sich, von Friedenszeiten unterbrochen, über vierhundert Jahre hinzogen und einen hohen Blutzoll auf beiden Seiten forderten, bis Siena 1555 der florentinischen Übermacht erlag. Und doch blühte gerade in dieser Zeit eines sinnlosen gegenseitigen Mordens die Stadt auf, erhielt sie jenes Gesicht, das uns heute so tief beeindruckt und entzückt, entstanden einmalige Kunstwerke.

Mit solchen Gedanken haben wir die Piazza del Campo erreicht, einen der schönsten Plätze des italienischen Mittelalters, mehr noch, einen der wohl schönsten Plätze der ganzen Welt. Kunsthistoriker haben sein Loblied gesungen, haben hervorgehoben, wie organisch sich der Palazzo Pubb-

lico an seiner Südostseite in das Gesamtbild einfügt. Er ist ein wichtiger Zeuge der Stadtgeschichte. Als er – etwa gleichzeitig mit dem Palazzo Vecchio in Florenz – 1297 hier an der Grenze der drei Terzi begonnen wurde, hatte die Commune schon eine beachtliche Machtposition erreicht. Siena war stets eine ghibellinische Stadt, so wie Florenz traditionsgemäß guelfisch gesinnt war, und die wirtschaftliche Rivalität zwischen den beiden wurde durch diese politischen Gegensätze noch verschärft. 1255 war für Siena mit dem Friedensvertrag von Monteriggioni zwar ein politischer Tiefpunkt erreicht, doch schon 1260 raffte es alle Kräfte zusammen, um den Einfluß von Florenz abschütteln zu können. Aber die Bürger wollten sich nicht allein auf die Waffen verlassen, sie

142

suchten anderen Beistand. Am 15. August, dem Tag von Mariä Himmelfahrt, wallfahrtete ganz Siena, Junge und Alte, Männer und Frauen, Arme und Reiche, zum damals noch nicht einmal vollendeten Dom und weihten die Stadt der Gottesmutter. „Civitas virginis" – Stadt der Jungfrau – wurde sie seit diesem Tage genannt und hat diesen Namen nicht nur in der Literatur, sondern auch im Bewußtsein ihrer Bewohner bis heute behalten. Drei Wochen später kam es am 4. September 1260 südöstlich von Siena bei Montaperti zur Schlacht mit einem florentinischen Heer. Sie endete mit einem Sieg Sienas, das sich aber seiner neuen Freiheit nicht allzulange erfreuen konnte. Schon neun Jahre später prallten (wie wir schon im Dante-Kapitel hörten) im Elsa-Tal die verbissenen Gegner erneut aufeinander. Diesmal siegte Florenz und diktierte erneut den Frieden wie 1255. Die Führer der Ghibellinen mußten nach Arezzo auswandern, in Siena setzte sich eine guelfische Führung fest, der nur reiche Kaufleute angehörten. Parteiengezänk hin, politischer Streit her – aus dieser Auseinandersetzung entwickelte sich die „Regierung der Neun" (Consiglio dei Noveschi), die ihre kaufmännischen Interessen vertrat, und da der Handel nur in friedlichen Zeiten gedeihen kann, folgten ein paar ruhige Jahrzehnte, in denen eben der Palazzo Pubblico erbaut und die auffallende, stolze Torre del Mangia von 1325 bis 1344 daneben errichtet wurde. Es sind auch die Jahre, in denen bedeutende Künstler wie Niccolò und Giovanni Pisano, Duccio di Buoninsegna oder Simone Martini ihre Werke schufen, die meisten der heute noch erhaltenen gotischen Stadtpaläste entstanden, es ist die Zeit des „Buon governo", der guten Regierung, wie sie die Fresken von Ambrogio Lorenzetti in der Sala della Pace, dem Sitzungssaal der Regierung, im Palazzo Pubblico zeigen.

Uns beeindruckt heute dort weniger die Allegorie auf die Regierenden mit den Figuren der christlichen und der weltlichen Tugenden, wenn man auch hoffen möchte, daß es der Friede immer so bequem hätte wie hier auf seinem Ruhebett, als vielmehr die „Auswirkungen der guten Regierung auf Stadt und Land"; denn in ihnen wird das Alltagsleben im 14. Jahrhundert in großartiger Eindringlichkeit lebendig. Man blickt hinein in die Straßen der Stadt, begegnet geschäftigen Bürgern und reichen tanzenden Bürgerinnen, durchwandert die Landschaft der hügeligen Crete im Süden Sienas, wo sich eine Jagdgesellschaft vergnügt und die Bauern auf den Feldern arbeiten.

Daß die Zeiten aber nicht nur friedlich waren, sondern Siena auch seine militärischen Interessen durchzusetzen wußte, beweist ein anderes Fresko von Simone Martini, das den Anführer der Miliztruppen zwischen zwei Burgen zeigt, die er gerade belagert. Und auch in der Stadt selbst kam es immer wieder zu schweren Zerwürfnissen und Streitigkeiten, die der Rat energisch zu unterdrücken suchte. Als beispielsweise am 17. April 1315 zwischen den beiden mächtigsten adligen Familien der Salimbeni und Tolomei eine regelrechte Schlacht ausbrach, ließ der Rat brennende Kerzen in die Rathausfenster stellen und verkünden, daß jeder Besitz und Leben verwirkt habe, der noch weiter kämpfe, wenn diese Kerzen niedergebrannt seien.

Wenn wir dann vom Campo die Via dei Pellegrini zum Dom hinaufsteigen, begegnen wir weiteren augenfälligen Spuren dieses „Buon governo". Die Bürger hatten schon Anfang des 13. Jahrhunderts mit dem Dombau begonnen, die Pläne dafür aber mehrfach geändert, so daß heute nur noch Langschiff und Kuppelraum auf den ursprünglichen Bau zurückgehen. Die prachtvolle Marmorfassade wurde 1284 von Giovanni Pisano im Geiste der hierher nach Italien übertragenen französischen Gotik begonnen, der jetzige Chor erst 1316 als Erweiterungsbau angefügt. Dazu wurde damals an dem abschüssigen Hang als Stütze der Bau einer Unterkirche, der heutigen Taufkirche San Giovanni, notwendig. Bis dahin stand der Hochaltar im alten Chor unter der Kuppel. Dorthin hatten die Bürger nach der Schlacht von Montaperti die „Madonna del Voto" gebracht, die heute die „Cappella del Voto" im rechten Querschiffarm schmückt.

An diesen Hochaltar wurde 1311 auch die „Maestà" des Malers Duccio di Buoninsegna gebracht. Wie stark damals die ganze Bevölkerung an der Aufstellung dieses Kunstwerkes teilnahm und wie sehr der einzelne Bürger dessen Wert und seine Bedeutung für den Frieden der Stadt mitempfand, spürt man aus einem zeitgenössischen Bericht: „An dem Tage, als die neue Tafel zum Dom gebracht wurde, schloß man die Läden, und der Bischof befahl, daß eine große und fromme Versammlung von Priestern und Mönchen mit einer feierlichen Prozession in Begleitung der Ratsherren und aller Beamten der Gemeinde samt dem Volk stattfinde. Einer nach dem anderen schritten all die Würdigsten mit brennenden Lichtern in der Hand neben der Tafel einher; hinter ihnen gingen die Frauen und die Kinder in großer Ehrfurcht. Sie begleiteten die Tafel bis zum Dom, wobei man wie üblich das Campo in Prozession umschritt, während alle Glocken Gloria läuteten, um eine so edle Tafel zu ehren."

Mit Recht wird der Dom heute zu den schönsten Kirchen Italiens gezählt, und doch waren die Bürger von Siena mit ihm nicht zufrieden, wollten vielmehr die größte und schönste Kirche der ganzen Christenheit besitzen. Und so wurde 1339 beschlossen, mit einem Neubau zu beginnen, in den der alte Dom als Querschiff einbezogen werden sollte. Nur zehn Jahre konnte an dem gigantischen Werk gearbeitet werden, schon standen die Mauern des Langschiffes, als 1348 in Siena wie in Florenz die Pest mit solcher Heftigkeit wütete,

daß sie in der Stadt und der Umgebung angeblich an die achtzigtausend Menschen dahinraffte. „Das Sterben begann in Siena im Mai und war so schrecklich und grausam, daß ich gar nicht weiß, wo ich anfangen soll, all das Grauen zu beschreiben ... Die Leute starben unerwartet; sie bekamen Geschwülste unter den Achseln und an der Leiste, und während sie noch redeten, fielen sie tot um. Der Vater verließ den Sohn, die Frau ihren Mann und ein Bruder den andern ... Die Kranken starben einsam, und niemand fand sich, der sie beerdigt hätte, weder für Geld noch aus Freundschaft", berichtete ein Zeitgenosse. Das Ende dieser Seuche bedeutete zugleich das Ende der Wohlstandsepoche, die Sienesen waren der „Neuner-Herrschaft", wie der engere Rat genannt wurde, überdrüssig und erzwangen eine breitere Regierung. Sie hatte ebenso wie die folgenden keinen langen Bestand. Geld und Arbeitskräfte waren knapp geworden, und da überdies die Mauern des neuen Domes Risse zu zeigen begannen, beschloß die Gemeinde 1356 den Bau aufzugeben, aber noch heute erinnern seine erhaltenen Fragmente an Wohlstand und Niedergang der Stadt im 14. Jahrhundert.

In diese schwere Zeit hinein wurde 1347 Caterina Benincasa als Tochter eines einfachen Handwerkers geboren, die wohl bedeutendste Frau nicht nur in Siena, sondern in ganz Europa im 14. Jahrhundert. Ihren Spuren zu folgen ist nicht schwierig; denn schon ein Jahrhundert nach ihrer Geburt wurde nach ihrer Heiligsprechung das Elternhaus in eine Gedenkstätte umgewandelt, noch existiert das Zimmer Caterinas wie zu ihren Lebzeiten. An der nahen Fonte Branda mit ihrem schönen Brunnenhaus von 1246 mag sie als Mädchen das Wasser für die Familie geholt haben, und oberhalb dieses Brunnens liegt S. Domenico, jene Kirche der Dominikaner, in der Katharina von Siena, wie wir sie heute allgemein nennen, ihre

San Domenico und die Fonte Branda in Siena. Stich von G. Bauernfeind

erste Christusvision erlebte. Eine Kapelle in dieser Kirche birgt heute das Haupt der 1380 in Rom verstorbenen und dort auch beigesetzten Heiligen, und ein Wandgemälde von Andrea Vanni dürfte ihr lebensnahes Porträt zeigen; denn der Maler war ihr Zeitgenosse. Sie trat dem Orden der Bußschwestern vom hl. Dominikus bei, bewies bald in Glaubensfragen ein so sicheres und kluges Urteil, daß sie in ihrem kurzen Leben zur Beraterin zahlreicher weltlicher und geistlicher Würdenträger wurde. Unermüdlich trat sie erst in ihrer Heimat, dann in Avignon und schließlich in Rom für eine Reform der zerrütteten Kirche ein. Sie war keine Hysterikerin, wie der Philosoph Ernst Bloch das Phänomen ihrer Person beurteilen möchte, sondern bei aller inneren Versenkung und Ekstatik eine durchaus lebenskluge junge Frau, die auch ein erstaunlich sicheres politisches Urteilsvermögen

besaß. Ihre Briefe, von denen über dreihundert erhalten geblieben sind, werden heute zu den klassischen Prosawerken italienischer Literatur gezählt. Nur so ist es zu verstehen, daß sie rasch über den Rang einer Lokalheiligen hinauswuchs, allgemeine Verehrung genoß und schließlich 1939 zur Hauptpatronin Italiens erwählt wurde.

Ein knappes halbes Jahrhundert nach Katharina sollte das Land um Siena einen anderen bedeutenden Heiligen hervorbringen. Der 1380 geborene Bernardino degli Albizzeschi (Bernhardin von Siena) stammte im Gegensatz zu ihr aus einer alten Adelsfamilie, trat nach seinem Studium, geprägt vom Miterleben des Elends einer neuen Pestwelle, als Zweiundzwanzigjähriger dem Franziskanerorden bei. Aber es ist weniger die Kirche S. Francesco, die an ihn und sein Wirken erinnert, als die nordwestlich von Siena gelegene Chiesa

Bernhardin von Siena mit dem „Wappen Gottes".
Holzschnitt um 1470

dell'Osservanza, die an der Stelle einer von Bernhardin errichteten kleinen Kirche steht. Dieser
hatte sich wenige Jahre nach seinem Eintritt in
den Orden der strengen Richtung der „Franziskaner von der Observanz" zugewandt und bemühte
sich, den Geist des Heiligen von Assisi in unver-
fälschter Weise wiederzubeleben. Fast vier Jahrzehnte lang zog er als Prediger durch Italien,
kehrte aber immer wieder in die Heimat zurück,
wo er 1425 und 1427 je eineinhalb Monate lang
täglich in Siena predigte, anfangs in der Klosterkirche S. Francesco, dann auf dem Campo, weil
die Kirche die Massen nicht mehr fassen konnte.
Ein Tafelbild von Sano di Pietro in der Sakristei
des Domes von Siena zeigt diese Szene. Bernhardin muß ein geistvoller, wortgewandter und überzeugender Prediger gewesen sein, der seine Zuhörer kannte und vor allem verstand. Sein
persönliches Vorbild und seine Frömmigkeit über-
zeugten ebenso wie die volkstümliche Art seiner
Worte. Im Bargello in Florenz steht die zeitgenössische Holzfigur dieses Heiligen der Toskana, eines schmächtigen Mannes mit asketischen Zügen,
mit dem „Wappen Gottes" in den Händen, dem
von ihm selbst entworfenen Monogramm Christi.
Und wenn auch das Gold verwittert und die blaue
Farbe des Grundes längst abgebröckelt ist, so erinnert noch heute dieses Wappen, das der Rat
1425 an der Fassade des Rathauses von Siena an-
bringen ließ, an den großen Prediger.

Zu den Zuhörern, die von seinen Worten tief
beeindruckt waren, gehörte auch der junge Enea
Silvio Piccolomini aus einer angesehenen Familie
der Stadt. Der Heilige widerriet ihm, ins Kloster
einzutreten, und er hatte mit erstaunlicher Men-
schenkenntnis den jungen Mann richtig einge-
schätzt; denn vor diesem lag eine steile Karriere.
Er trat als weltfreudiger Humanist hervor, schrieb
erotische Komödien, Novellen und Briefe in klas-
sischem Latein, wurde Sekretär eines Kardinals

beim Konzil von Basel, zeichnete sich im diplomatischen Dienst des römisch-deutschen Kaisers
aus, wurde 1442 von Kaiser Friedrich III. zum
Dichter gekrönt; inzwischen Geistlicher geworden, vermittelte er geschickt zwischen Kaiser und
Papst, das brachte ihm erst das Bischofsamt in
Trient und 1450 in seiner Heimatstadt Siena ein.
1452 führte er hier, wie wir schon eingangs hörten, Friedrich III. seine Braut Eleonora von Portugal zu, 1456 empfing er die Kardinalswürde und
wurde schließlich zwei Jahre später als Pius II.
zum Papst gewählt. In den sechs Jahren seines
Pontifikats trat er energisch für ein Kreuzzugsun-
ternehmen des Abendlandes gegen die Türken ein,
an dessen Spitze er sich selbst stellen wollte.

Der Besucher Sienas kann den Lebensspuren
dieses Humanistenpapstes sehr genau folgen. Er
muß nur in den Dom zurückkehren und von dort
aus die Libreria Piccolomini besuchen, die sein
Neffe, Kardinal Francesco Piccolomini, erbauen
und zu Ehren des großen Verwandten durch Pinturicchio in den Jahren 1502-1507 mit Wandgemälden schmücken ließ, die Szenen aus dessen
Leben zeigen. Und so können wir bei einem
Rundgang den Siebenundzwanzigjährigen nach
Basel zum Konzil begleiten, seine Krönung zum
Poeten ebenso miterleben wie die zum Papst, lo-
kalgeschichtliche Bedeutung haben die Bilder, die
jene von Enea Silvio vermittelte erste Begegnung
zwischen Friedrich III. und Eleonora von Portugal
vor den Mauern Sienas und die Heiligsprechung
Katharinas durch Papst Pius II. darstellen.

Um das Wirken dieses Papstes noch näher kennenzulernen, ist es notwendig, zwischendurch von
Siena einen kleinen Abstecher etwa 40 Kilometer
südwärts nach Pienza zu machen; denn hier, hoch
über dem Orcia-Tal, hat sich Pius II. „seine Stadt"
geschaffen, indem er den kleinen Flecken Corsignano, wo er geboren wurde, in eine Idealstadt
verwandeln ließ, ein urbanistisches Unternehmen,

Wappen der Stadt Siena

das in ähnlicher Art kein anderer Papst gewagt hat. Er selbst ließ hier den Dom, den Palazzo Comunale und einen Familienpalast bauen und bedrängte die Kardinäle, seinem Beispiel zu folgen. Innerhalb von drei Jahren entstand so eine reizvolle kleine Renaissancestadt, die der Papst zum Bischofssitz erhob und deren Namen er nach seinem eigenen in Pienza ändern ließ.

1459, dem Jahr, in dem mit dem Bau von Pienza begonnen wurde, besuchte Pius II. seine Vaterstadt Siena und überbrachte ihr als kostbare Reliquie den rechten Arm Johannes des Täufers, der seitdem in der Johanneskapelle des Doms aufbewahrt wird. Das wertvolle Geschenk erfolgte keineswegs uneigennützig; denn der Papst forderte zugleich den Rat auf, den Adel wieder zur Regierung der Stadt zuzulassen. Dieser fand eine raffinierte Lösung – er ließ als einzige die Familie Piccolomini wieder für alle Zeiten zur Regierung zu.

Das Problem war aber damit keineswegs gelöst, die Spannungen dauerten weiterhin an. 1480 übertrug Siena die Herrschaft über die Stadt an Affonso Herzog von Kalabrien. Dieser begünstigte die Partei der „Noveschi", wie die bis dahin kaltgestellten Großkaufleute und Adligen genannt wurden. Das wiederum führte drei Jahre später zu einem blutigen Aufstand der „Populani", der Volkspartei. Die „Noveschi" schlugen zurück, brachten Siena in ihre Hand und setzten ein mit diktatorischen Befugnissen ausgestattetes dreiköpfiges Kollegium als Regierungsbehörde ein. Diese „Tre Segreti" konnten „vom Leben zum Tode befördern und inhaftieren und alles tun, was sie wollten ... und man wußte nicht, wer es tat."

Aus den allgemeinen Wirren dieser Jahre löste sich ein gewisser Pandolfo Petrucci. Jacob Burckhardt charakterisiert ihn in seiner „Kultur der Renaissance in Italien" als einen „charakterlosen Halbtyrannen", „unbedeutend und böse". Heute scheint uns dieses Urteil zu einseitig und summarisch, da es der Persönlichkeit Petruccis doch nicht voll gerecht wird, wenn auch die negativen Seiten dieses Mannes nicht zu übersehen sind. Er war ein schlauer Fuchs, der sich vorsichtig im Hintergrund hielt, und erst als er sich stark genug fühlte, auch vor Meuchelmorden nicht zurückschreckte. Von den Sienesen ließ er sich „Magnifico" nennen, so wie einst die Florentiner Lorenzo Medici genannt hatten. Spuren von ihm findet man kaum in Siena. Nur der „Palazzo del Magnifico", den er sich 1508 an der Piazza San Giovanni gegenüber der Taufkirche erbauen ließ, erinnert noch an ihn. Wenn ihm auch das Kunststück gelang, „colle bugie" – mit lauter Lügen –, wie einmal sein engster Vertrauter zum Papst sagte, die Bürger der Stadt zu einer Einheit und zur „Partei des Volkes von Siena" zu verschmelzen, so wurde doch gerade durch seine Umtriebe der Stadtstaat wieder in die großen politischen Wirren hineingezogen, aus denen er sich nun schon längere Zeit recht erfolgreich herausgehalten hatte.

Eine drohende Auseinandersetzung mit Florenz vermied Petrucci, indem er den Medici den Ort Montepulciano überließ. Gefährlicher aber wurde ihm Cesare Borgia, der natürliche Sohn Papst Alexanders VI. und Herzog der Romagna. Als er versuchte, heimlich dessen Söldner gegen ihn aufzuwiegeln, fiel Cesare mit einem Heer von 15.000 Mann im Gebiet von Siena ein, und Petrucci mußte fliehen. Mit Hilfe der Franzosen kehrte er aber doch wieder in seine Heimatstadt zurück, wo er sein Regiment bis zu seinem Tode 1508 aufrechterhalten und die Herrschaft sogar an die Söhne weitergeben konnte. Sie waren zu schwach, um erneute innere Unruhen zu verhindern, in die nun zunehmend die fremden Machthaber eingriffen. Als der Medici-Papst Klemens VII. 1526 Siena den Krieg erklärte, schien das Ende der Comune schon gekommen, aber in äußerster Not vergaßen die Bürger noch einmal allen Parteienstreit, weihten wie in alter Zeit die Stadt ihrer Patronin, legten die Schlüssel der Tore auf dem Altar des Domes vor Duccios Madonnenbild nieder und unternahmen mit der kleinen städtischen Miliz und nur hundert Reitern einen Ausfall gegen die 10.000 päpstlichen Belagerer, die außerdem noch durch Hilfstruppen aus Florenz verstärkt worden waren. Und noch einmal wiederholte sich das gleiche Wunder wie 1260 bei Montaperti, gelang den Sienesen ein überraschender Sieg. Mit reicher Beute kehrten sie in die Stadt zurück, begannen aber bald darauf erneut mit den Parteienstreitigkeiten.

Vergeblich mahnte Kaiser Karl V. bei einem Besuch 1536 zur Besonnenheit und Einheit. Als alles nichts half und die Bürger sogar gegen die kaiserliche Besatzung revoltierten, fiel 1554 die Entscheidung. Cosimo I. von Florenz hatte sich in richtiger Einschätzung der politischen Lage demonstrativ auf die Seite des Kaisers gestellt, und so zogen nun seine Truppen zusammen mit den Spaniern einen engen Belagerungsring um die Stadt, die von der einheimischen Miliz und von einem französischen Hilfskontingent verteidigt wurde. Sogar die Frauen beteiligten sich an der Verteidigung, allerdings hat man den Eindruck, daß sich bei ihrem Einsatz Koketterie und Eifer vermengten, wie aus den Worten eines zeitgenössischen Beobachters hervorgeht: „Am Anfang, als dieses Volk den schönen Entschluß gefaßt hatte, seine Freiheit zu verteidigen, verteilten sich alle Frauen der Stadt in drei Scharen. Die erste wurde von Frau Forteguerra angeführt; sie war violett gekleidet, und alle, die ihr folgten, ebenfalls mit kurzen Gewändern wie Nymphen, so daß man die bis zum Knie geflochtenen Bänder sah. Die zweite war Frau Piccolomini, hellrosa gekleidet, mit ihrer Schar in gleicher Tracht. Die dritte war Frau Livia Fausta, die ganz weiß gekleidet war, wie ihr Gefolge mit der weißen Fahne. Auf ihre Fahnen

hatten sie schöne Sinnsprüche geschrieben, und ich gäbe viel darum, mich daran erinnern zu können. Die drei Schwadronen bestanden aus dreitausend Damen, Edelfrauen sowohl als auch Bürgerinnen. Ihre Waffen waren Pickel, Schaufeln, Tragkörbe und Reisigbündel."

Für Siena begann eine schwere Leidenszeit. Es nutzte nichts mehr, daß die „Madonna del Voto" in feierlichen Bittprozessionen durch die Stadt getragen wurde, sie hatte ihre Hilfe von den Bürgern abgewendet. Die immer drückendere Hungersnot veranlaßte schließlich den französischen Befehlshaber, Kranke, Kinder, Frauen und alte Leute, die nicht zur Verteidigung beitragen konnten, aus der Stadt zu verweisen. Szenen des Schreckens und der Verzweiflung spielten sich ab, zumal die Belagerer die Ausgewiesenen immer wieder gegen die Mauern zurücktrieben. Acht Tage lang dauerte dieses grausame Spiel. „Sie aßen nichts als Kräuter und mehr als die Hälfte starb; denn die Feinde töteten sie und nur wenigen gelang es zu fliehen", vermerkte der Chronist. Als die Lage völlig hoffnungslos geworden und die Zahl der Einwohner von 40.000 auf 8.000 zusammengeschmolzen war, entschloß sich der Rat endlich zur Übergabe.

Cosimo I. präsentierte zwar nicht mehr Karl V., doch 1557 seinem Sohn Philipp II. die Rechnung für seine Unterstützung und forderte zwei Millionen Dukaten oder die Überlassung Sienas. Dem spanischen König blieb nichts anderes übrig, als die Stadt und das Umland abzutreten, die dem Herzogtum Toskana einverleibt wurden. Cosimo ließ als Zeichen seiner Macht die Festung S. Barbara am Nordwestrand der Stadt erbauen. Von ihren Mauern blickt das große Wappen der Medici; die Palle hatten, allen deutlich erkennbar, die Lupa abgelöst!

Und doch staunt man, daß in diesen für Siena so schweren Jahren von der Mitte des 15. bis zur Mitte des 16. Jahrhunderts die Stadt noch die

Kraft besaß, im Dom jenes einzigartige Bilderbuch des Marmorfußbodens mit Propheten, Sibyllen, alttestamentlichen Szenen schaffen zu lassen, das heute noch ein Beweis für den künstlerischen Lebenswillen Sienas bildet.

Sonst aber blieb nur die Erinnerung an eine große Vergangenheit. Die aber halten die Bürger von Siena bis zum heutigen Tage auf eine faszinierende Art im Palio lebendig. Über dieses alljährlich zweimal stattfindende Pferderennen ist viel geschrieben worden, Filme wurden darüber gedreht, und natürlich ist es längst eine Fremdenverkehrsattraktion ersten Ranges. Und doch unterscheidet sich der Palio in einem ganz entscheidenden Punkt von ähnlichen Veranstaltungen in Italien. Hier wurde nicht das Mittelalter künstlich zu neuem Leben erweckt, hier lebt die Vergangenheit. Der Wettkampf der siebzehn Contraden, wie die einzelnen Stadtbezirke heißen, findet schon seit 1147 statt, ist für Siena ein Stück seiner Geschichte. Es sind nicht die wenigen Minuten des eigentlichen Rennens, des großen Spektakels, in denen der Campo einem Hexenkessel gleicht, die so nachhaltig beeindrucken.

Wenn man miterlebt, wie unter den Klängen der Trommeln der kleine Trupp einer Contrade eine andere besucht, wenn weit und breit keine neugierigen Fotografen lauern, dann fühlt man sich einbezogen in diese Vergangenheit, aus der heraus die Gegenwart lebt.

Innenhof des Palazzo Vecchio in Florenz. Stich von G. Bauernfeind

Im Zeichen der Kugeln –
Spuren der frühen Medici

Sie begegnen uns überall in der Toskana, von der Lunigiana bis nach Radicofani, der alten Feste an der Grenze von Latium, von den Küstenorten am Tyrrhenischen Meer bis nach Umbrien: die „Palle" – die sechs Kugeln im Wappen der Medici. Sie sind äußeres Zeichen der Macht und zugleich Symbol einer Familie, die aus bescheidenen Verhältnissen zu Herren über Florenz und über die Toskana aufstieg und in der sich Geschäftstüchtigkeit und politischer Weitblick verbanden.

Ob sich ihr Name vom italienischen Wort für Arzt (Medico) ableitet und die Palle des Wappens nichts anderes darstellen als Pillen des Arztes oder Apothekers, wie manchmal behauptet wird, ist nicht zu belegen. Auch über die Anfänge der Familiengeschichte ist wenig bekannt. Als die Parteienkämpfe in Florenz im 14. Jahrhundert allmählich abklangen, tauchte sie aus dem Dunkel auf, wurde der Name erst vereinzelt, dann allmählich öfter unter den Geschäftsleuten erwähnt. „Una nobilissima familia populana" hat sie einmal Machiavelli in seltsamer Widersprüchlichkeit genannt, eine „ungemein vornehme Familie aus dem Volk".

Die Grenze von der „populana familia" zur „nobilissima familia" überschritt Giovanni di Bicci de'Medici, der kurz vor 1400 von seinem Onkel die Leitung einer aufsteigenden Bank übernahm. Im Museo Medici in Florenz hängt sein postumes Bildnis von Bronzino. Es zeigt einen streng blickenden Bauern, einen Handwerker vielleicht, wie man vermuten würde, kaum aber einen Bankier und Regenten von Florenz, der bei seinem Tode 1429 bereits als der reichste Mann der Stadt galt. „Er liebte jedermann, lobte die Guten und hatte Mitleid mit den Bösen ... Er stand den Menschen im Unglück bei und half ihnen im Glück", sagte Machiavelli von ihm. Mit ihm beginnt der Stammbaum der Medici in den Geschichtsbüchern. Seine Söhne Cosimo und Lorenzo hatten es schon leichter. Sie konnten schließlich auf einem für damalige Verhältnisse kaum vorstellbaren Vermögen von 160.000 Golddukaten aufbauen. Die Seele des Geschäfts und zugleich der Politik wurde Cosimo „der Alte", wie man ihn später nennt (1389-1464); die Zeitgenossen gaben ihm den ehrenvollen Beinamen „Pater Patriae" – Vater des Vaterlandes.

Es ist immer gut, auf der Suche nach Lebensspuren sich auch die Gesichter dieser Familie vor Augen zu halten, und Cosimos Bildnis von Jacopo da Pontormo in den Uffizien ist wohl das eindrucksvollste von allen. Das kraftvolle Purpurrot von Gewand und Mütze scheint nur als Folie für das ausdrucksstarke Gesicht zu dienen, in dem sich gleichermaßen Machtwille und Gelassenheit spiegeln. Von diesem Mann glaubt man, was Machiavelli schreibt: „Seine Reichtümer, seine Lebensweise, sein Glück machten ihn bei den Bürgern von Florenz beliebt und gefürchtet ...". Fünfunddreißig Jahre lang wirkte er als Bankier und zugleich für seine Vaterstadt. Das sagt sich so leicht und selbstverständlich, aber man darf nicht vergessen, daß noch hundert Jahre zuvor Florenz von den heftigsten Parteienkämpfen zerrissen gewesen war. Die Stadt am Arno ließ sich nicht leicht regieren, noch schwieriger war es, sie zu beherrschen. Der einflußreiche Medici hatte den Großteil des Adels gegen sich, und fast schien es, als sei seine politische Karriere schon beendet, noch ehe sie richtig begonnen hatte; denn 1433 verbannte ihn die regierende Adelsoligarchie aus Florenz. Aber ihm blieb erspart, wie Dante in Italien umherirren zu müssen. Schon ein Jahr später erlaubte die Signoria seine Rückkehr, das Volk trat auf seine Seite, er wurde zum Gonfaloniere (italienisch Bannerträger), d. h. zum Stadtoberhaupt, berufen und behielt dieses Amt bis zu seinem Tode fest in der Hand. Wenn er dabei mehr und mehr in die Rolle eines Diktators hinein-

Florentiner Goldmünze mit dem Stadtwappen und dem Bild des Täufers Johannes

wuchs und die Politik seiner Heimatstadt beherrschte, so nutzte er seine Stellung doch keineswegs einseitig zu seinem Vorteil, suchte den innerpolitischen Ausgleich zwischen Adels- und Volkspartei herbeizuführen, leitete eine Steuerreform mit einem modern anmutenden progressiven Steuersatz ein, führte zahlreiche soziale Maßnahmen zugunsten der unteren Schichten durch. Dabei blieb er Bürger unter Bürgern, ein Mann eigentlich ohne äußere Machtbefugnisse, allerdings mit einem privaten Vermögen im Hintergrund, das den Besitz der meisten Fürsten seiner Zeit übertraf. Seine Bank hatte den Papst und zahlreiche Fürsten als Kunden, so konnte er über seine Geldgeschäfte auch seinen politischen Einfluß geltend machen, in der Außenpolitik mitmischen und als ein schlauer Fuchs seiner Vaterstadt für viele Jahre eine friedliche Zeit sichern.

Für die Förderung von Kunst und Wissenschaft gab er horrende Summen aus, unterstützte die Architekten Brunelleschi und Michelozzo, den jungen Bildhauer Donatello, die Maler Fra Angelico und Filippo Lippi. Dementsprechend sind seine Spuren auch heute noch in Florenz überall augenfällig. Er ließ auch den Palazzo Medici errichten, mit dem Michelozzo den ersten monumentalen Palast der florentinischen Renaissance schuf. Der Umbau des Klosters San Marco ist ebenso sein Verdienst wie der Weiterbau der schon im 11. Jahrhundert begonnenen Basilika San Lorenzo, und als Freund der Humanisten und der Wissenschaften legte er mit seiner eigenen wertvollen Büchersammlung den Grundstock für die spätere Biblioteca Laurenziana. An der Erweiterung dieser Sammlung arbeiteten zeitweilig vierzig Schreiber gleichzeitig in seinem Auftrag.

Sein jüngerer Bruder Lorenzo trat ihm gegenüber kaum hervor, hielt sich sein Leben lang loyal im Schatten des Bruders, erst Jahrzehnte später sollten seine Nachkommen als die „jüngere Linie"

der Medici Bedeutung erlangen und die Familientradition weiterführen.

Cosimos Nachfolger wurde sein Sohn Piero, den die Florentiner respektlos „Gottoso" – den Gichtigen – nannten. Das klingt abwertend, wird dem geistigen Format dieses Mannes nicht gerecht, der zu lange im Schatten des Vaters gestanden hatte, und als er mit achtundvierzig Jahren endlich die Geschäfte übernahm, schon so stark unter Arthrose litt, daß er kaum mehr an die Öffentlichkeit trat. Auch ihm können wir begegnen: auf dem Fresko „Der Zug der Heiligen Drei Könige" im Palazzo Medici hat ihn Benozzo Gozzoli dargestellt, wie er unmittelbar hinter seinem Sohn Lorenzo reitet, und „Die Anbetung der Könige" von Botticelli in den Uffizien zeigt ihn nochmals zusammen mit den anderen Mitgliedern seiner Familie, in einem auffallend roten Mantel in der Mitte kniend. Botticelli schuf auch ein schönes Bildnis von Pieros Gemahlin Lucrezia Tornabuoni, das heute im Staedelschen Kunstinstitut in Frankfurt hängt. Lucrezia war eine der geistreichsten und klügsten Frauen ihrer Zeit, Beraterin ihres Mannes und für viele Jahre auch ihres Sohnes Lorenzo, der schon 1469, im Alter von erst zwanzig Jahren, die Herrschaft in Florenz übernahm.

Es schien, als habe die Natur bewußt eine Generation übersprungen, um in ihm die Fähigkeiten und Gaben seines Großvaters Cosimo noch einmal zu steigern. Kein Wunder, daß ihn deshalb schon die Zeitgenossen „Il Magnifico" – „Den Prächtigen" nannten. Dreiundzwanzig Jahre lang bestimmte er die Geschicke seiner Vaterstadt, anders noch als seine beiden Vorgänger; denn ihm ging es nicht allein um den Einfluß auf die Staatsgeschäfte, sondern um die Macht an sich, wobei er sich kühl über das alte republikanische Regierungssystem hinwegsetzte und oft genug auch die Möglichkeiten ausnutzte, die ihm sein Bankgeschäft bot, um seine Rivalen zu ruinieren. Wir be-

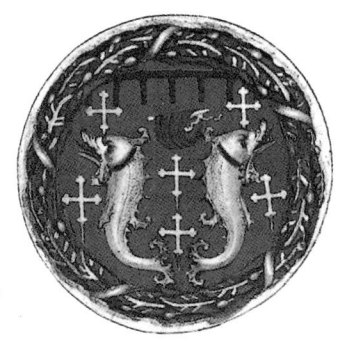

Wappen der Familie Pazzi

gegnen ihm als strahlendem Jüngling auf dem erwähnten Fresko Gozzolis, als reifem Mann – er wurde ja nur dreiundvierzig Jahre alt – auf einem postumen Bildnis Giorgio Vasaris in den Uffizien, und wir dürfen dem toten Lorenzo ins Antlitz blicken; denn das Medici-Museum bewahrt seine eindrucksvolle Totenmaske. Ein schöner Mann war er gewiß nicht, aber wie der Großvater war er ein starker, offener Charakter. Seine Mitbürger verehrten ihn; denn er zeigte sich ihren Nöten gegenüber stets aufgeschlossen.

Und doch wurde gerade er beinahe zum Opfer eines Mordkomplotts, das als die „Verschwörung der Pazzi" in die Geschichte eingegangen ist. Zu seinen Gegnern in Florenz gehörte die mit den Medici verschwägerte Bankierfamilie der Pazzi, außenpolitisch kam es zu ernsten Spannungen mit Papst Sixtus IV., einem egoistischen Machtpolitiker, unter dem Nepotismus und Vetternwirtschaft in Rom die wohl übelsten Blüten trieben. Sixtus und die Pazzi trafen sich in ihren Interessen und in ihrer Gegnerschaft gegen die Medici. Ein skrupelloser Neffe des Papstes schmiedete das Mordkomplott gegen Lorenzo und seinen jüngeren Bruder Giuliano, einen gleichermaßen hoch begabten wie ansprechend schönen Jüngling. Am 26. April 1478 fielen die Mörder während des Hochamtes im Dom über die Brüder her. Das Glockenzeichen zur Wandlung galt ihnen dabei als Signal für die Ausführung. Während Lorenzo mit einer leichten Verletzung in die Sakristei entkommen konnte, verblutete Giuliano unter neunundzwanzig Dolchstichen.

Die aufgebrachten Florentiner stellten sich hinter Lorenzo. Der in das Komplott verwickelte Erzbischof und fünf andere Verschwörer wurden unmittelbar nach der blutigen Tat gefaßt und an den Fenstern des Palazzo Vecchio aufgeknüpft, die übrigen später hingerichtet. Wenn auch der Papst scheinheilig den Kirchenbann über die Stadt verhängte, so nutzte ihm das wenig, die Stellung Lorenzos war für die folgenden vierzehn Jahre bis zu seinem Tode unangefochten. Er konnte nun auch darangehen, die Rechte des Volkes vorsichtig zu beschneiden und der Stadt eine neue Verfassung zu geben, die zwar den demokratischen Schein nach außen hin wahrte, in Wirklichkeit aber den Einfluß der Medici auf die Regierung noch verstärkte.

Es waren glückliche Jahre für die Stadt, ein Bündnis mit dem König von Neapel sicherte den Frieden, nach dem Tode Sixtus' IV. kam es zur Aussöhnung mit dem neuen Papst, Innozenz VIII., der den zweiten Sohn Lorenzos im Alter von erst dreizehn Jahren zum Kardinal ernannte.

Neben seiner Tätigkeit als Bankier und Politiker fand Lorenzo genügend Zeit, um sich den Künsten und Wissenschaften zu widmen. Er versammelte die hervorragendsten Talente um sich. In der schon von Cosimo nach dem Vorbild der griechischen Antike gegründeten Platonischen Akademie trafen sich die Mitglieder in einem Garten nahe dem Kloster San Marco. Verrocchio, Ghirlandaio und Botticelli gehörten dazu, aber auch Gelehrte und Poeten. Lorenzo versuchte sich selbst als Dichter, schrieb geistliche Lobgesänge und lebendige „Canti Carnascialeschi" – Karnevalslieder. Oft genug lud er den Freundeskreis auch in eine seiner Villen außerhalb der Stadt, am häufigsten nach Caffaggiolo etwa zwanzig Kilometer nördlich von Florenz.

Wer die augenfälligen Spuren der Medici in der Toskana sucht, wird sie in rund einem Dutzend solcher Villen finden. Schon Cosimo der Ältere hatte mit dem Bau von Caffaggiolo und Il Trebbio begonnen, fast jedes Familienoberhaupt der Medici ließ eine oder mehrere neue errichten. Wem die Zeit fehlt, sie einzeln aufzusuchen, der kann die schönsten bequem in Florenz besichtigen; denn Ende des 16. Jahrhunderts malte sie der Flame

Giusto Utens (van Huten) in die Lünetten über Türen und Fenster im Palazzo Medici, und ein Teil ist heute im Museo di Firenze Com'Era ausgestellt. Sie bieten reizvolle Ansichten der bekanntesten Villen mit ihren in dieser Größe heute gar nicht mehr vorhandenen Gartenanlagen. Die berühmtesten von ihnen sind die schon erwähnten Villen Il Trebbio und Caffaggiolo, die beide auf befestigte Feudalsitze zurückgehen und von dem Renaissance-Architekten Michelozzo Michelozzi aufwendig umgebaut wurden. Lorenzo schätzte besonders die Villa Poggio a Caiano an der Straße von Florenz nach Pistoia, und Careggi im Nordwesten von Florenz, heute am Rande eines Krankenhausbezirkes, war die Wiege der Platonischen Akademie. Hier starben Cosimo, sein Nachfolger Piero und Lorenzo.

Die letzte Zeit seines Lebens war etwas überschattet gewesen von den Aktivitäten eines Mannes, der in Florenz noch eine wichtige Rolle spielen sollte. Dieser Girolamo Savonarola war 1489 im Alter von siebenunddreißig Jahren als Dominikanermönch in das Kloster S. Marco gekommen und hatte hier bald durch seine kompromißlosen, eifernden Predigten Aufsehen erregt, mit denen er den Bürgern vorwarf, unter dem Einfluß Lorenzos und dessen Freunden in Genußsucht und Leichtlebigkeit gefallen zu sein. Obgleich er Lorenzo öffentlich von der Kanzel herab schmähte, unternahm dieser nichts gegen ihn, versuchte im Gegenteil noch auf dem Sterbebette zu einer Versöhnung und zu einem Ausgleich mit ihm zu gelangen. Bei einer fanatischen Einstellung des Mönches mußte ein solcher Versuch aber fehlschlagen.

Für die Florentiner kamen nach Lorenzos Tode am 8. April 1492 harte Zeiten. Ganz richtig hat Machiavelli einige Jahre später hervorgehoben: „So trauerten denn um ihn alle Bürger und alle Fürsten Italiens ... Und daß sie begründete Ursa-che der Trauer hatten, bewiesen die folgenden Jahre."

Die von Lorenzo klug und geschickt gezimmerte Ordnung brach auseinander. Nachfolger wurde sein ältester Sohn Piero, den die Zeitgenossen „den Unglücklichen" nannten. Der Vater hatte nicht allzuviel von ihm gehalten. Sein Bildnis im Medici-Museum deutet auf einen weichen, unbedeutenden Charakter. Als der französische König Karl VIII. die Gunst der Stunde nutzte und 1494 in Italien einrückte, und Piero ein für Florenz demütigendes Abkommen mit ihm schloß, vertrieben ihn die erbosten Bürger aus der Stadt und plünderten den Palazzo Medici. Nach einer kurzen französischen Besatzungszeit war in Florenz dann die Stunde Savonarolas gekommen. Nun konnte er ungehindert „die Diktatur Gottes" durchsetzen, wie es Marcel Brion in einer Medici-Biographie genannt hat. Er war nicht nur ein feuriger Prediger, der die Menschen mit sich riß, sondern er mischte auch in der Politik mit, suchte seine Vorstellungen von Florenz als der „Stadt Gottes" mit allen Mitteln durchzusetzen. Zwei Jahre lang beherrschte er die Stadt, wie sie nie ein Medici beherrscht hatte; denn er beherrschte auch die Seelen. Florenz wurde von einer puritanischen Welle erfaßt; bei einer großen „Verbrennung der Eitelkeiten" ließ Savonarola durch seine Gefolgsleute, die „Piagnoni" – die Weinenden – „sündhafte" Gegenstände wie Masken, Perücken, Kleider, aber auch Bilder und Bücher verbrennen. In seinem einmal vielgelesenen Roman „Leonardo da Vinci" hat Dmitri Mereschkowski gerade diese Szene ungemein farbig und eindringlich dargestellt.

Savonarola und seiner Welt kann man heute noch im Kloster S. Marco begegnen, wo sein Andenken museal gepflegt wird. Da ist die Wohnung des Priors so, wie er sie verlassen haben könnte, da hängt das berühmte Bild von Fra Bartolomeo della Porta mit der Unterschrift „der von Gott ge-

154

sandte Prophet", da steht die Standarte, die ihm vorausgetragen wurde, wenn er öffentlich predigte. Man muß ihn in einer gewissen Nachfolge von John Wyclif und Johannes Hus, genauer gesagt der böhmischen Taboriten, und in einer Linie mit Thomas Münzer sehen, der während des Bauernkrieges in Thüringen ähnliche Ziele verfolgte. Politisch strebte er eine Art demokratischer Theokratie an, die Erneuerung sollte dabei von unten, aus dem Volke her, erfolgen und nicht von der oligarchischen Adelsclique ausgehen, wobei das soziale Engagement Savonarolas nicht unterschätzt werden darf. Ein Teil des Volkes stand deshalb auf seiner Seite, die Opposition kam von der Aristokratie. Man hatte nicht die „Tyrannei" der Medici abgeschüttelt, um unter die eines Mönches zu geraten.

Der Adel fand Unterstützung bei der Weltgeistlichkeit und den Orden, denen dieser Dominikaner ein Dorn im Auge war. Als Savonarola auch noch in Alexander VI. das verrottete Papsttum angriff, übertrugen sich die Spannungen auch auf die Stadt, die für die Duldung des Mönches verantwortlich gemacht wurde. Dort war man des strengen Regiments inzwischen müde, 1498 belagerte die Menge das Kloster S. Marco, nahm Savonarola und zwei seiner engsten Gefährten gefangen, machte ihnen einen fadenscheinigen Schauprozeß, an dessen Ende Todesurteil und Hinrichtung standen. Man kann diese letzte Szene auf einem zeitgenössischen Bild in S. Marco beklemmend genau nacherleben. Die Florentiner wissen aber, was sie dem Andenken Savonarolas schuldig sind: auf der Piazza della Signoria bezeichnet eine kreisrunde Platte im Pflaster die Stelle, an der er gehenkt und anschließend verbrannt wurde.

Das Ende der Diktatur Gottes bedeutete keineswegs den Neubeginn der Medici-Herrschaft. Für Florenz folgten harte Jahre. Heimtücke und Grausamkeit dominierten unter der erneuten Adelsherr-

Hinrichtung Savonarolas auf der Piazza della Signoria. Detail einer zeitgenössischen Darstellung

schaft, aber noch war auch der Haß gegen die Medici übermächtig. So wurde beispielsweise Paolo Vitelli, der Befehlshaber der florentinischen Truppen, 1499 hingerichtet, nur weil er angeblich mit den Medici konspiriert hatte.

Mit Piero Soderini kam 1502 noch einmal ein tüchtiger Gonfaloniere zur Regierung. Gleichzeitig trat mit ihm in Florenz ein anderer Mann in den Vordergrund, der noch einmal große Bedeutung erlangen sollte. Dieser Niccolò Machiavelli war neunundzwanzig Jahre alt, als er 1498 Sekretär des Rates der Zehn und zweiter Kanzler wurde, ein kleiner, schlanker Mann mit einem verschmitzten Gesichtszug und wachen, durchdringenden Augen, wie ihn ein Gemälde im Palazzo Vecchio zeigt. Er war ein fähiger Beamter, ein guter Beobachter mit einem kritischen historischen Gespür und ein analytischer Kopf. Im Dienste der Republik unternahm er eine Reihe diplomatischer Reisen, gründete 1506 die Florentiner Miliz und leitete 1509 sogar erfolgreich die Belagerung von Pisa.

Im neuen politischen Spiel um Florenz hatten aber die Medici die besseren Karten, blutige Karten allerdings; denn die Truppen der Spanier und Neapels, mit deren Hilfe sie die Rückkehr erzwingen wollten, stürmten 1512 Prato und wüteten

155

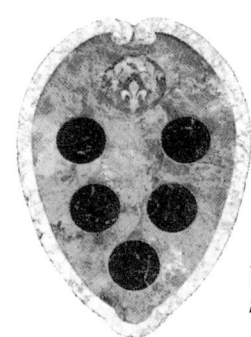

*Wappen der Medici
mit den sechs Kugeln (Palle)*

dort mit solcher Grausamkeit, daß die einge-
schüchterten Florentiner schließlich Soderini zum
Rücktritt zwangen und die Rückkehr der Medici
erlaubten. Von den drei Söhnen Lorenzos war der
unglückliche Piero schon gestorben, als sein
Nachfolger kam der zwanzigjährige Sohn Lorenzo
und mit ihm sein Onkel Giuliano, der jüngste der
drei Lorenzo-Söhne, zwei Wochen später zog
auch der Kardinal Giovanni in die Stadt ein.

Nun konnten die Palle, das Wappen der Medici,
wieder überall angebracht werden, das Volk durfte
feiern, der Adel duckte. Eine neue Verschwörung
endete mit der Hinrichtung der Hauptschuldigen
und der Verbannung Niccolò Machiavellis, der in
das Komplott verwickelt schien. Im Exil schrieb
dieser nun seine wichtigsten Werke, vor allem das
Buch „Il Principe" („Der Fürst"), das zu einem
der bedeutendsten theoretischen Werke der Staats-
kunst wurde, mit dem er in dieser so turbulenten
Zeit der Politik den Vorrang vor der Ethik einräumte und den Regierenden die Freiheit zubillig-
te, ohne Rücksicht auf Moral und Religion durch
kluges und zweckdienliches Handeln ihre Herrschaft zu sichern. Friedrich der Große von Preußen schrieb später seinen nicht weniger berühmten „Antimachiavell" gegen ihn, aber schon die
bedeutenden Historiker des 18. und 19. Jahrhunderts haben richtig hervorgehoben, daß der
„Fürst" in einer Zeit politischer Unsicherheit geschrieben und aus dieser heraus verstanden und
beurteilt werden muß.

Vielleicht war es für die Medici überhaupt nur
möglich, gerade in dieser Auseinandersetzung aller gegen alle auf dem Boden des zerrissenen Italiens zu bestehen und ihre Stellung sogar über Florenz hinaus in eine europäische Machtposition zu
erweitern. Dabei half ihnen, daß der Kardinal Giovanni schon 1513 als Leo X. den Stuhl Petri bestieg. „Da Gott uns das Papsttum verliehen hat,
laßt es uns denn genießen", soll er nach seinem
Amtsantritt frohlockt haben, und diesem Grund-
satz entsprechend verlieh er dem päpstlichen Hof
besonderen Glanz. Der Luxus des Vatikans und
die von Leo geförderte Ablaßpraxis der Kirche
führten zur scharfen Reaktion des Augustinermön-
ches Martin Luther. Der Papst überging sie einfach
als „Mönchsgeschwätz" und lud so einen wesentli-
chen Teil der Schuld an der in der Reformation
erfolgten Spaltung der Kirche auf sich.

Für seine Familie regelte er auch in Florenz die
Machtverhältnisse neu, berief seinen jüngeren
Bruder Giuliano nach Rom als Befehlshaber der
päpstlichen Truppen, während er die Herrschaft in
der Stadt auf seinen Neffen Lorenzo übertrug.
Giuliano erhielt darüberhinaus den Titel eines
Herzogs von Nemours, für Lorenzo aber setzte
seine Mutter, die ehrgeizige und machthungrige
Alfonsina Orsini, es durch, daß der Papst einen
Krieg gegen den Herzog von Urbino anzettelte
und das Herzogtum schließlich dem Neffen übertrug. Lange konnte er sich allerdings an dieser
neuen Würde nicht erfreuen, denn er starb 1519
im Alter von erst siebenundzwanzig Jahren, ein
neurotischer, haltloser junger Mann.

Aus den Bürgern und Kaufleuten waren somit
in der dritten Generation nach Cosimo dem Älteren Herzöge geworden, und Katharina, die Tochter Lorenzos, wurde sogar eine Königin. Es war
jene berühmte Katharina von Medici, die drei
französischen Königen das Leben schenkte, der
aber auch ein erheblicher Teil der Verantwortung
an der blutigen Bartholomäusnacht von 1572 und
dem Massenmord an den Hugenotten in Paris an-
gelastet werden muß.

So unbedeutend die beiden ersten Medici-Herzöge im Leben gewesen waren, so unsterblich
wurden sie nach ihrem Tode durch die Kunst Michelangelos. Dieser hat im Auftrag Leos X. mit
dem Bau der „Neuen Sakristei" für die Kirche
S. Lorenzo begonnen. Sie war als Grablege für

die Familie Medici gedacht, in der auch Leo ruhen wollte, aber nur fünf Männer fanden in ihr die letzte Ruhestätte, Lorenzo der Prächtige und sein ermordeter Bruder Giuliano in verhältnismäßig bescheidenen Grablegen, Alessandro, von dem noch die Rede sein wird, und die beiden Herzöge, für die Michelangelo jene Grabmäler schuf, die als Höhepunkt der Renaissanceskulptur gelten. Die Statuen der Herzöge zeigen dabei keinerlei Porträtähnlichkeit; denn Michelangelo sagte zu Recht: „Wen wird es in tausend Jahren noch interessieren, ob dies ihre Züge sind?"

Wer den Spuren der Medici in den nächsten Jahrzehnten in Florenz folgen möchte, wird gut daran tun, zuerst einmal den Stammbaum der Familie näher zu betrachten, sich dabei aber auch die politische Lage Italiens vor Augen zu halten. Mit dem Regierungsantritt Kaiser Karls V. wurden Ober- und Mittelitalien in dessen Auseinandersetzungen mit dem französischen König Franz I. hineingezogen und mußten bis 1544 vier Kriege über sich ergehen lassen, in denen Florenz je nach der innenpolitischen Lage entweder mit dem Kaiser und mit Spanien paktierte oder mit den Franzosen.

Nach dem Tode Lorenzos übernahm der Kardinal Giulio die Herrschaft in Florenz. Er war ein unehelicher Sohn des ermordeten Giuliano, den Lorenzo der Prächtige nach dessen Tod in der Familie hatte erziehen lassen. „Der Bastard", wie er allgemein genannt wurde, erwies sich als ehrgeiziger, listenreicher und kalt berechnender Mann von hohen geistigen Fähigkeiten. Leo X. erhob den fünfunddreißigjährigen Vetter gleich nach der Papstwahl zum Kardinal. Auf dem bekannten Bild Leos von Raffael, das heute in den Uffizien hängt, steht Giulio links hinter dem Papst, und als der Mann im Hintergrund zog er geschickt die politischen Fäden. In Florenz bewies er eine glückliche Hand, er blieb aber nur wenige Jahre dort; denn nachdem Leo X. 1522 gestorben war und dessen

Nachfolger Hadrian VI. nur ein Jahr regiert hatte, wurde er selbst 1523 als Klemens VII. zum Papst gewählt.

In Florenz wurden 1527 die Regenten des Papstes aus der Stadt vertrieben, ein letztes republikanisches Zwischenspiel endete in der Belagerung durch die Truppen des Kaisers im Jahre 1530. Wir können den Spuren dieser Belagerung in allen Einzelheiten nachgehen; denn Giorgio Vasari hat sie auf einem Gemälde im Palazzo Vecchio dargestellt. Die Florentiner mußten damals ein ähnlich furchtbares Schicksal erwarten, wie es drei Jahre zuvor Rom bei der großen Plünderung im „Sacco di Roma" erlitten hatte. So verhandelten sie mit dem kaiserlichen Befehlshaber und kapitulierten schließlich.

Mit Unterstützung Karls V. setzte Papst Klemens VII. seinen eigenen illegitimen Sohn Alessandro, der wahrscheinlich eine maurische Sklavin zur Mutter hatte und wegen seiner dunklen Hautfarbe meist nur „der Mulatte" genannt wurde, als Herzog in Florenz ein. Mit ihm erreichte die Herrschaft der Medici einen Tiefpunkt. Er litt unter Verfolgungswahn, unterdrückte die Florentiner und führte ein Lotterleben, an dem auch seine junge Frau, eine natürliche Tochter Karls V., nichts zu ändern vermochte. Aber schließlich fiel er doch einem Mordanschlag aus der eigenen Verwandtschaft zum Opfer.

1534 war schon Papst Klemens VII. gestorben, nun endete mit Alessandro die ältere Linie der Medici. Der Rat der Stadt übergab daraufhin die Herrschaft an den jungen Cosimo aus der jüngeren Linie, den Nachkommen also jenes Lorenzo, der als Bruder stets loyal zu Cosimo dem Älteren gehalten hatte. Von dessen Enkeln konnte man das allerdings nicht mehr sagen. Sie legten sich bewußt den Beinamen „popolano" zu, um sich als Männer des Volkes und der Republik von Lorenzo dem Prächtigen, ihrem Vetter zweiten Grades, zu

Verkaufsstände auf dem Ponte Vecchio in Florenz. Stich von G. Bauernfeind

unterscheiden. Auch taten sie alles in ihrer Macht Stehende, um dessen Stellung zu untergraben. Diese republikanische Einstellung hinderte Giovanni Populano allerdings nicht daran, Katharina Sforza, die Herzogin von Forlì und Imola, zu heiraten. Sie galt schon zu ihren Lebzeiten als eine leidenschaftliche und harte Frau, hatte sich in die Politik gemischt und selbst Krieg geführt. Für Giovanni gehörte schon ein gewisser Mut dazu, sich als dritter Ehemann mit der Fünfunddreißigjährigen zu vermählen. Einziges Kind dieser Ehe war Giovanni, ein kühner Krieger und Söldnerführer, der den kämpferischen Geist der Mutter geerbt hatte. Als Anführer einer gefürchteten Reitertruppe nannte man ihn auch „delle Bande Neré"

– von der schwarzen Schar. Seine schwarze Rüstung steht heute noch im Museo Stibbert in Florenz, sein von Bandinelli 1540 geschaffenes Denkmal auf der Piazza S. Lorenzo. Von dort schaut er gelangweilt auf das bunte Marktgetriebe zu seinen Füßen, und die Tauben, die sein Haupt zum beliebten Sitzplatz erkoren haben, scheren sich wenig darum, daß er auch „der große Teufel" genannt wurde. Er heiratete Maria Salviati, eine Enkelin Lorenzos des Prächtigen. Es war eine traurige Ehe, und die arme Maria hatte wenig Freude an ihrem Gemahl. Ihr Sohn aber war eben jener Cosimo, mit dem die letzte Phase in der Geschichte der Medici begann und europäische Bedeutung erlangte.

Wiege der Renaissance –
Künstlerspuren in der Toskana

Wer zählt die Völker, nennt die Namen ...", heißt es in Schillers Ballade „Die Kraniche des Ibykus". Für Kunst, Kunstwerke und Kunstbetrachtung in der Toskana könnte man in Anlehnung an diese Worte ausrufen: „Wer zählt die Werke, nennt die Namen?" Denn kaum eine andere Landschaft Italiens ist so reich an Kunstwerken. Hier gilt es nicht, Spuren zu suchen, sondern man muß vielmehr darangehen, aus der Fülle auszuwählen.

Über Wege zur Kunst der Toskana ist seit rund 200 Jahren viel geschrieben worden, die Wegweiser sind meist kenntnisreich und erfahren, so daß man sich ihnen getrost anvertrauen darf. Jeder hat dabei seine eigene Methode und setzt seine besonderen Schwergewichte. Dem Reisenden muß es überlassen bleiben, wem er sich anschließt, welche Wege er geht und was er auswählt. Man kann sich dabei auf die wichtigen Kunstzentren wie Florenz, Siena und Pisa beschränken, man kann aber auch hinausgehen in die kleineren und größeren Orte; man kann den Spuren einzelner Künstler folgen, kann sich auf bestimmte Epochen wie Romanik oder Renaissance konzentrieren; man kann Kirchen und Klöster aufsuchen oder die schönsten Plätze; man kann die Verbindung von Natur und Kunst bewundern, kann Museen besuchen und kann sogar die Kunst der Toskana aus den Büchern kennenlernen. Gerade letzteres ist ein Weg, den man nicht verachten sollte. Man wird ihn nach Möglichkeit nicht ausschließlich wählen, aber mancher von den Touristenmassen geschockte Kunstfreund wird sich nur zu gerne auch einmal in die häusliche Geborgenheit zurückziehen, um in den Büchern jene Kunstwerke in Ruhe zu betrachten, deren Genuß ihm an Ort und Stelle verwehrt oder vergällt wurde.

Aber noch gibt es genug Schönes in Ruhe zu entdecken. Die Toskana kennt allein an die 200 romanische Kirchen und Klöster, wahre Kostbar-keiten darunter, die im Verborgenen blühen, wie etwa die Pfarrkirche San Pietro in Gropina oder San Giorgio in Brancoli, einsam gelegene Klöster wie die Abtei Sant'Antimo im Tal der Starcia, die schon Karl der Große gründete, oder die Abtei San Salvatore, die noch auf die Langobardenzeit zurückgehen dürfte. Und dann natürlich die großen Kirchen und Dome, angefangen mit den wenig bekannten wie die einsam am Ortsrand stehende Bischofskirche von Sovana in der südlichen Toskana, die schon zu Lebzeiten von Papst Gregor VII. gebaut wurde und deren in der archaischen Düsternis fast unheimlich wirkende Krypta den Besucher nachhaltig ergreift, bis hin zum Höhepunkt toskanischer Romanik in Pisa.

Wie Florenz und Siena gehört auch diese Stadt zum Pflichtprogramm jeder Kunstreise. Man vermag heute kaum mehr zu glauben, daß Pisa einst wie Venedig und Genua zu den bedeutendsten Hafenstädten und Seerepubliken Italiens gehörte. Aber langsam und stetig haben die Ablagerungen des Arno die Küste Meter um Meter hinausgeschoben, und sie verläuft heute zehn Kilometer westlich der Stadt. Dem Meer verdankte Pisa seinen Reichtum und sein Ansehen im hohen Mittelalter. Sichtbarer Ausdruck von Macht und einstigem Wohlstand ist auch heute noch der Dombezirk, der bei den Bürgern und den Besuchern der Stadt einen so tiefen Eindruck hinterließ, daß sie ihm den Beinamen „Piazza dei Miracoli" – Platz der Wunder – gaben. Zu Recht hat er ihn bis heute behalten, zählt er doch tatsächlich zu den wunderbarsten Plätzen der Welt. Er ist ein Teil Pisas, doch im Gegensatz zu den anderen bedeutenden Stadtplätzen wie etwa dem Markusplatz in Venedig oder dem Campo in Siena so merkwürdig an den Rand gerückt, daß viele Besucher gar kein richtiges Gefühl für die Topografie der Stadt gewinnen, weil sie sonst nichts von ihr kennenlernen.

Auf diesem kleinen Flecken Erde begegnen

Baptisterium, Dom und „schiefer Turm" auf der Piazza dei Miracoli in Pisa. Stich von G. Bauernfeind

sich Antike und Mittelalter, Byzanz und der Orient, und das Grün des Rasens zaubert einen Hauch von Natur zwischen die hier errichteten Bauten. Schon 1063, früher also als alle anderen Städte der Toskana, begann Pisa mit dem Bau des Domes, den es, wie eine Inschrift auf der Fassade vermerkt, aus der Beute von sechs mit Schätzen reich beladenen Sarazenenschiffen errichtete. Der Byzantiner Buscheto entwarf die Pläne und schuf in einer Synthese von byzantinischem Zentralbau und abendländischer Basilika ein grandioses Meisterwerk italienischer Architektur des Mittelalters. Das spürten schon die Pisaner, deshalb gewährten sie ihm später auch ein Grab in der Fassade mit einer Inschrift, die mit den Worten beginnt: „-Buscheto liegt hier, der erste der schaffenden Geister ..." Der Norditaliener Rainaldo verlängerte das Langhaus und begann mit einer neuen Fassade, die wahrscheinlich Ende des 12. Jahrhunderts von Guglielmus vollendet wurde und den harmonischen Gesamteindruck noch augenfällig vertieft.

Etwa zur gleichen Zeit mit dem Bau des Domes in Pisa hatte Florenz mit dem Bau des Baptisteriums begonnen. Das wiederum ließ die Pisaner nicht ruhen, die 1157 für ihre Taufkirche die Form eines zentralen Rundbaues wählten. Es dauerte fast 200 Jahre, bis sie fertiggestellt wurde, und so läßt sich an ihr der Übergang vom romanischen Untergeschoß zu den gotischen Zierformen des Obergeschosses und des Daches auch für den flüchtigen Besucher deutlich erkennen.

Mit dem Campanile wurde erst 1173 begonnen. Als man mit dem Bau bis zur dritten Galerie gelangt war, begann sich der Turm auf dem Schwemmland des Untergrundes allmählich zur Seite zu neigen. Die Pisaner beschlossen, trotzdem weiterzubauen, und ihre Kühnheit wurde belohnt; denn sie erhielten dadurch für die Stadt ein originelles Wahrzeichen, das bei vielen Touristen heute weit mehr bekannt ist als etwa der Dom selbst!

Als 1278 der Bau des Camposanto, also des Friedhofes, nördlich des Domes begonnen wurde, hatte Pisa den Höhepunkt seiner Macht schon überschritten. Sechs Jahre danach unterlag es in der Seeschlacht bei Meloria der Genueser Flotte. Das war der Anfang vom Ende, das sich mehr als

Wappen der Stadt Sovana

Wappen der Stadt Pisa

ein Jahrhundert hinzog, bis Florenz schließlich 1406 das immer schwächer und damit immer unbedeutender gewordene Gemeinwesen übernahm. Es ist genau die Zeit, in der auch der Camposanto vollendet wurde. Der Überlieferung nach sollen die Pisaner gleich nach Beginn der Bauarbeiten an dem Friedhof mehrere Schiffsladungen voll Erde aus dem Heiligen Land geholt und hier ausgebreitet haben, um ihre Toten darin zu bestatten. Immerhin gewährten sie auch den Juden einen Anteil an der Erde ihrer alten Heimat, aber da die Toleranz ja nicht zu weit gehen durfte, wurden der christliche und der jüdische Friedhof durch eine Mauer voneinander getrennt. Auf diesem kleinen Flecken links vom Camposanto bestatten die Juden heute noch ihre Toten. Auch darin spiegelt sich die Kontinuität der Geschichte.

Der christliche Friedhof dagegen ist seit dem 18. Jahrhundert aufgelassen und zum Museum degradiert. Noch heute erinnert dort das Fresko vom „Triumph des Todes" an den ursprünglichen Zweck der Anlage. Ein unbekannter Meister hat es um die Mitte des 14. Jahrhunderts geschaffen, und nur wenige Betrachter werden sich auch heute, trotz der schweren Beschädigung des Bildes im Zweiten Weltkrieg, der Wirkung der dargestellten Szene entziehen können, in der eine höfische Reiterschar auf drei tote Könige in ihren offenen Särgen trifft –, eine eindringliche Mahnung an die Vergänglichkeit alles Irdischen.

Wie kaum ein anderes architektonisches Werk hat der Dom von Pisa die Baukunst anderer toskanischer Städte beeinflußt, aber auch die Kirchen Sardiniens; sogar in Unteritalien ist sein Vorbild spürbar. In Lucca, Pistoia und Prato ist es übermächtig und augenfällig. Beim ersten Besuch mag einem Lucca als eine reizvolle Stadt des 18. und 19. Jahrhunderts erscheinen. Doch die Kirchen, die das Stadtbild mittragen, sind durchweg romanisch. Im Mittelalter war Lucca eine Gegnerin Pi-

sas gewesen, aber das hatte die Bürger nicht daran gehindert, ihre wichtigsten Kirchen nach deren Vorbild zu bauen. Freilich wird „die asketische Klarheit der geometrischen Schmuckformen des Pisaner Domes im Bannkreis Luccas bis zur dekorativen Hybris verwandelt" (H. Decker). Das erkennt man an der Fassade des Domes San Martino, vor allem aber an San Michele in Foro, dessen Fassade in ihrem oberen Teil schon an ein orientalisches Teppichmuster erinnert, wie Reiseführer gern hervorheben, und bei San Frediano ist es die Apsis, die aus Pisa zu stammen scheint. In Pistoia wurde der Dom schon bald nach 1100 begonnen, und auch hier variiert die Fassade das Beispiel Pisas. Der Campanile entstand erst hundert Jahre später. Er ist hier Kirch- und Wachturm zugleich, erhielt deshalb als Kuriosum auch den Namen „Fortezza del Campanile". In dem einmal kleinen Prato, das im Mittelalter nicht einmal Bischofssitz war und sich diese Würde erst seit 1653 mit Pistoia teilen mußte, war die Pieve (Pfarrkirche) Santo Stefano, der heutige Dom, 1216 begonnen und nach pisanisch-lucchesischem Vorbild gebaut worden. Solche wiederholenden Hinweise mögen langweilig wirken, aber immer noch gehört der Besuch dieser drei Städte zu den schönsten Überraschungen in der Toskana; denn sie haben in ihrem historischen Kern ihren ursprünglichen Reiz bewahrt.

Am Ende der romanischen Epoche begegnen uns in diesen Städten die Namen zweier Künstler, Vater und Sohn, deren Werke schon zur Gotik überleiten. Niccolò, den man Pisano – den Pisaner – nannte, stammte möglicherweise aus Apulien. Seit der Mitte des 13. Jahrhunderts wirkte er in der Toskana, wo er in Pisa, Pistoia und Siena arbeitete. Sein Sohn Giovanni wurde um 1250 schon in Pisa geboren. Den Spuren der beiden zu folgen fällt nicht schwer; denn ihre Werke zählen zu den großartigsten bildhauerischen Leistungen

Wappen der Stadt Arezzo

der frühen Gotik. Vor allem verkünden vier Kanzeln ihren Ruhm. Niccolò schuf die Kanzeln im Baptisterium in Pisa und im Dom von Siena. An letzterer arbeitete schon sein Sohn Giovanni mit, von dem dann die Kanzeln für Sant'Andrea in Pistoia und für den Dom in Pisa stammen. Gerade in diesem glutvollen Künstler spürt man die Wesensverwandtschaft zu Michelangelo. Dabei ist die Kanzel in Pisa, die er 1302-1312 schuf, gar nicht einmal das Originalwerk; denn sie wurde 1599 abgerissen, Teile gingen verloren, und erst 1926 wurde das Werk wieder als Ganzes zusammengesetzt. Dem Genie Giovanni Pisanos verdankt der Dom von Siena auch seine Marmorfassade, die er hier als erste in Italien im Geiste der französischen Gotik gestaltete.

Die Kunstgeschichten rühmen den Künstler, die Reiseführer weisen auf alle Einzelheiten im Werk Pisanos hin, doch wir finden nur eine einzige Spur vom Menschen und der Anspannung in seiner schöpferischen Leistung. Sie begegnet uns in jener heute fast vergessenen Inschrift, die Giovanni unter dem Brüstungsrelief der Kanzel einmeißelte: „Ich habe mich nicht recht vorgesehen; während ich vieles gezeigt habe, habe ich viele Schläge und Unbilden erlitten. Aber wenn auch mit zaghaftem Herzen, trage ich diese Pein in stiller Duldung. Auf daß ich (das Denkmal) ihm die Mißgunst nehme und den Schmerz lindere und Ruhm für ihn erflehe, bitte ich dich (o Beschauer), den Versen den Tau deiner Tränen hinzuzufügen." Harald Keller, der diesen lateinischen Text übertrug, weist zu Recht darauf hin, daß diese aus dem Streit mit dem wirtschaftlichen Leiter der Dombauhütte erwachsene Inschrift die älteste bekannte persönliche Aussage eines Künstlers hier in der Toskana ist. Und doch liegen nur etwa sechs Jahrzehnte zwischen ihr und jenen Künstlern, die zu den Helden der zahlreichen Künstlernovellen und -anekdoten wurden, wie sie gerade

in der Toskana heimisch und kennzeichnend sind und so treffend den individuellen Charakter des einzelnen spiegeln.

Während die Gotik in Florenz und Siena allmählich ausklang, die politischen Verhältnisse sich mit der zunehmenden Vormachtstellung von Florenz wandelten und dort der Aufstieg des Hauses Medici begann, setzte sich, wie wir schon hörten, der neue Geist des Humanismus durch, der in der Renaissance auch das Lebensgefühl und die Ausdrucksweise der Künstler erfaßte. Wir haben den Wurzeln der Renaissance und ihrer Blüte schon in Florenz nachgespürt, aber auch überall in der Toskana erleben wir sie.

Erste Station unserer Wanderung soll dabei Arezzo sein, jene Stadt, die bisher immer nur am Rande erwähnt wurde, obgleich sie ebenso reich an historischen Erinnerungen wie an Kunstschätzen ist. Die alte Etruskersiedlung und wichtige römische Handelsstadt verlor auch im Mittelalter nicht an politischer und wirtschaftlicher Bedeutung und konnte lange ihre Freiheit zwischen den Rivalinnen Florenz und Siena bewahren. Sogar als die traditionell ghibellinische Stadt – wie wir schon hörten – 1289 bei Montaperti den Florentinern unterlag, wagten diese noch nicht, Arezzo zu besetzen. Erst 1384 verkauften sich die Bürger selbst gegen 40 000 Goldflorin an die alte Rivalin. Zwar hatten sie damit ihre politische Freiheit eingebüßt, dafür aber jene Ruhe gewonnen, die einen guten Nährboden für Kultur und Kunst abgibt. Damit konnte sich, von Florenz beeinflußt, die Frührenaissance hier ungehindert entfalten.

Arezzo ist die Geburtsstadt zweier berühmter „Florentiner". Francesco Petrarca (1304-1374), der große Humanist, stammt von hier, wenn auch die „Casa del Petrarca" sicher nicht sein Geburtshaus ist, und ebenso Giorgio Vasari, dem – wie wir noch hören werden – Florenz und die Kunstgeschichte soviel verdanken. Santa Maria delle

Petrarca. Fresko von Andrea del Castagno im ehemaligen
Kloster Sant'Apollonia (Museum) in Florenz

Grazie sollte man als Musterbeispiel anmutiger Renaissancearchitektur gesehen haben, vor allem aber San Francesco, die in der ersten Hälfte des 14. Jahrhunderts erbaute Kirche der Franziskaner im Herzen der Stadt. Denn hier malte Piero della Francesca (um 1410-1492), der wohl bedeutendste Künstler der toskanischen Frührenaissance, in der Hauptchorkapelle die „Geschichte des Kreuzes Christi". Selbst wer nicht weiß, daß diese Bilder zu den ausdrucksvollsten Werken italienischer Malerei gehören, wird von der Darstellung in Bann geschlagen, die in den Gestalten eine ungemeine Ruhe und Gelassenheit atmet.

Es ist eigenartig, daß nur wenige das Werk dieses Meisters richtig kennen, und es lohnt sich daher schon, von Arezzo aus noch weiter seinen Spuren zu folgen und rund 20 Kilometer hinüberzufahren ins obere Tibertal nach Sansepolcro, wo Piero geboren wurde; denn hier bewahrt die Pinacoteca Comunale einige seiner schönsten Bilder, und in dem nahegelegenen Monterchi finden wir in der Friedhofskapelle die „Madonna del Parto", eine in ihrer verhaltenen Gelassenheit tief beeindruckende junge Toskanerin, die mit einer scheuen Gebärde die Hand auf ihren gesegneten Leib legt, ein Bild, in dem sich das Mysterium der Schwangerschaft so ergreifend manifestiert, daß es nicht verwundert, wenn die Frauen der Umgebung heute noch diese Madonna um Beistand bei der Geburt (Parto) anflehen.

Fahren wir von Arezzo oder von hier aus südwärts, können wir in Cortona und Montepulciano zwei einander ähnelnde, architektonisch bedeutsame Renaissancekirchen besuchen, beides Zentralbauten, beide beeindruckend in ihren edlen klaren Formen, beide als Wallfahrtskirchen für wundertätige Madonnenbilder gebaut. Es sind die Kirche der Madonna del Calcinaio bei Cortona, die 1485 bis 1513 nach Plänen von Francesco di Giorgio Martini errichtet wurde, und die etwas jüngere, zwischen 1518 und 1545 erbaute Kirche Madonna di San Biagio, ein Werk Antonio da Sangallos d.Ä.

Und wer zwei entzückende, in ihrem Kern auch heute noch typische Renaissancestädtchen kennenlernen möchte, sollte nicht versäumen, von der letztgenannten Kirche aus erst einmal Montepulciano und danach Pienza zu besuchen. Die Adelsfamilien in Montepulciano wußten zu leben und ihr Geld auszugeben. Sie holten sich so bedeutende Renaissance-Baumeister wie den erwähnten Antonio da Sangallo d. Ä. oder Michelozzo und ließen sich stattliche Paläste errichten, die durchaus mit jenen von Florenz oder Siena konkurrieren konn-

Wappen der Stadt Montepulciano

Wappen der Stadt Cortona

ten. Auch zwei von hier stammende Kardinäle gehörten zu den Auftraggebern, beide wurden sie als Julius III. und Marcellus II. nacheinander Päpste. Die gar nicht so zahlreichen Besucher Montepulcianos mögen davon träumen, die reizvolle Kulisse der Stadt einmal ohne den Lärm und die bedrückende Enge des Verkehrs kennenzulernen. Ähnliches gilt auch für das nahegelegene Pienza, die Stadt des Papstes Pius II., von der wir schon Näheres an anderer Stelle hörten. Hier sind die Familienpaläste, die alle um 1460 entstanden, schon ein halbes Jahrhundert älter als die von Montepulciano. Trotzdem erleben wir eine typische Renaissancestadt, in der aber auch das Vorbild von Florenz unverkennbar ist.

Nach diesen Ausflügen kehren wir wieder zur Malerei zurück und besuchen deshalb als letztes Kloster der Toskana die südlich von Siena gelegene Abtei Monte Oliveto Maggiore. Sie wurde schon zu Beginn des 14. Jahrhunderts von den „Olivetanern" gegründet, die dort streng nach der Ordensregel des hl. Benedikt lebten. Der etwas düster wirkende heutige Backsteinbau wurde 1387 begonnen, ein berühmtes Kleinod birgt der Kreuzgang. Dort haben die beiden Maler Luca Signorelli und Giovanni Antonio Bazzi 1497/98 und ab 1504 einen Freskenzyklus mit 35 Bildern aus dem Leben Benedikts geschaffen. Von Signorelli stammen dabei nur neun, die anderen alle von Bazzi, den man aus uns unbekannten Gründen „Il Sodoma" nannte. Vasari trägt in seiner Lebensgeschichte des Malers Klatsch über sein sexuelles Verhalten weiter, ein etwas exzentrischer Herr mag er schon gewesen sein, der sich Rennpferde und abgerichtete Kleintiere hielt, wie sie auch auf seinem etwas affektiert wirkenden Selbstporträt zu sehen sind, mit dem er sich auf dem dritten Fresko hier im Kreuzgang dargestellt hat.

Ähnlich wie bei den Fresken Piero della Francescas in Arezzo wird auch hier der Beschauer beeindruckt von der für die Renaissancemalerei kennzeichnenden Verbindung von Glaube und Kunst. Wer aber ein wenig weltliches Vergnügen schätzt, sollte nicht versäumen, auf Bild 19 die Kurtisanen zu betrachten, die unter den Fenstern des Klosters von Subiaco tanzen; denn die Szene ist lebendig und ungemein bewegt. Vasari, der an Sodoma kaum ein gutes Haar läßt, behauptet, der Künstler habe die Schönheiten ursprünglich völlig hüllenlos gemalt und sie erst auf die dringenden Bitten der erschrockenen Mönche hin einigermaßen bekleidet!

Von Monte Oliveto aus wenden wir uns wieder nordwärts, an Siena vorbei nach San Gimignano. Für die Toskana-Reisenden ist es zu Recht die typische Stadt des Mittelalters, und tatsächlich vermag sich niemand ihrer Faszination zu entziehen, wenn man, vom Elsa-Tal kommend, die Silhouette der Türme über der Hügellandschaft mit ihren Weinbergen und Olivenhainen auftauchen sieht oder wenn man am Abend durch ihre engen Gassen schlendert, die eine kluge Regie der Stadtverwaltung von den lästigen Autos frei gehalten hat.

Ursprünglich lag der Ort an der alten Wegführung der Frankenstraße, bis diese seit dem 12. Jahrhundert in direkterer und bequemerer Linie von San Miniato aus über Certaldo nach Poggibonsi geleitet wurde. Damit aber verlor San Gimignano an Wohlstand und Bedeutung, und doch entstanden gerade in dieser Epoche des wirtschaftlichen Niedergangs und der zunehmenden Verarmung die kostbaren Renaissance-Malereien in der Collegiata Santa Maria Assunta und in Sant'Agostino. In der Collegiata zählen der Freskenzyklus des Sienesen Bartolo di Fredi mit Szenen aus dem Leben Jesu (entstanden um 1365) und die Fresken mit Motiven aus dem Leben der Stadtheiligen in der Cappella di Santa Fina von Domenico Ghirlandaio zu den besonderen Kostbarkeiten. Letztere wurden 1468 gemalt, also vor

Die tanzenden Kurtisanen. Detail eines Freskos von Sodoma im Kreuzgang des Klosters Monte Oliveto Maggiore bei Siena

den bekannten Wandbildern Ghirlandaios in Santa Maria Novella in Florenz.

Nur drei Jahre vorher hatte Benozzo Gozzoli, dessen „Zug der Heiligen Drei Könige" wir schon aus dem Palazzo Medici in Florenz kennen, in der Kirche Sant'Agostino die Hauptchorkapelle mit Fresken aus dem Leben des Kirchenvaters Augustinus geschmückt. Auch hier entstand ein faszinierendes Bildbuch, eine Heiligenlegende in der Nachfolge jener Armenbibeln, die den Leseunkundigen das Geschehen in Bildern vor Augen führten. Die Fresken zählen zu den Meisterwerken des Malers; und wieder faszinieren die Menschen, Bürger der Stadt vielleicht, die Gozzoli wie seine berühmten Figuren auf dem Fresko in Florenz nach dem Leben gestaltete.

Wir kehren von hier noch einmal zum Ausgangspunkt unserer Rundreise zurück; denn auch zwischen Pisa und Florenz gibt es im Arnotal und an seinen Rändern noch genug Spuren der Renaissance zu erkunden. Wo eigentlich nicht in der Toskana, muß man sich ja fragen? Gerade über den Zeugnissen der Romanik in Pisa sollte man den Palazzo dei Cavalieri di San Stefano nicht übersehen, eines der bedeutendsten Beispiele später Renaissancearchitektur in Italien. In Prato ist es die

Wappen der Stadt Pistoia

Kirche Santa Maria delle Carceri, die für uns noch einmal das Thema von San Biagio bei Montepulciano aufzunehmen scheint, tatsächlich aber von Giuliano da Sangallo schon 1484 als erster dieser Zentralbauten geschaffen wurde. In ihrem Innern sehen wir einen Majolika-Fries von Andrea della Robbia (1492), und der wiederum mahnt uns, daß wir auf keinen Fall den Fries am Ospedale del Ceppo in Pistoia versäumen dürfen, den Giovanni della Robbia, der letzte Sproß der berühmten Künstlerfamilie, 1529 vollendete.

Er zeigt die sieben Kardinaltugenden und die sieben Werke der Barmherzigkeit. Philatelisten werden sie kennen; denn der Vatikan wählte sie einmal als Motiv für eine Briefmarkenserie. Wieder erleben wir auf den farbigen Terrakottabildern ein Stück Alltagsleben der Renaissance, ganz anders aber, als wir es sonst gewohnt sind. Wir besuchen das Spital, das Armenhaus und das Gefängnis, begleiten den Arzt ans Krankenbett und den Priester zum Sterbenden.

Ein letzter kleiner Ausflug führt von Pistoia aus nur etwa 20 km südwärts; denn da liegt am Rande des Arno-Tales malerisch am Abhang des Monte Albano der kleine Ort Vinci. Hier wurde 1452 Leonardo geboren. In seiner toskanischen Heimat hat er nie richtig Fuß gefaßt, deshalb sind seine Lebensspuren verhältnismäßig dünn gesät, aber er führte die Kunst der Renaissance zu einem Gipfelpunkt.

So ist es nur verständlich, daß wir hier nicht nur die reizvolle Lage des Landstädtchens genießen, sondern Leonardo und seinem Genius mit dem Besuch des Museo Vinciano in der Burg am Schluß der Reise auf den Spuren der Renaissance unsere Reverenz erweisen.

Leonardo da Vinci.
Selbstbildnis. Rötelzeichnung.
Turin, Gemäldegalerie

166

Zwischen Glaube und Kunst – Künstlerspuren in Florenz

Den Spuren der Künstler in Florenz zu folgen scheint nicht schwierig, muß man doch nur die Uffizien, den Palazzo Pitti, die Accademia und noch ein paar andere Museen und Galerien besuchen, um für Stunden, Tage, ja für Wochen sehen, staunen, erleben und genießen zu können. Unermeßliche Schätze bieten sich hier den Augen der Besucher. Und doch ist es weit reizvoller, den Künstlern und ihren Werken draußen in der Stadt zu begegnen, in den öffentlichen Bauten und vor allem in den Kirchen, die im Laufe von wenigen Jahrhunderten zu wahren Schatzkammern wurden.

Alle diese Bauten und Kunstwerke sind eng verbunden mit der Geschichte der Stadt und ihren Schicksalen. Der Weg durch Florenz ist der Weg zu seinen Kunstwerken und damit zu den Künstlern; den besten Wegweiser aber bieten in diesem Fall die manchmal geschmähten Geschichtszahlen, erleichtert das chronologische Gerüst doch die Übersicht in der Fülle und trägt zum näheren Verständnis der Einzelheiten bei. Man braucht eigentlich nur von Kirche zu Kirche zu gehen; denn „an den Kirchen von Florenz kann man die Schicksale der Stadt ablesen, das Reifen ihrer Künstler, die Geschichte ihrer Kunst" (E. Micheletti).

Zu gering sind die künstlerischen Spuren des frühen Mittelalters, erst der Bau des heutigen Baptisteriums, das wahrscheinlich 1060 als Kirche San Giovanni vielleicht auf den Ruinen eines römischen Tempels als erste Bischofskirche des langsam wachsenden Gemeinwesens erbaut wurde, erlaubt feste Datierungen. Jahrhundertelang hat dieses in seinen Formen so harmonische Oktogon die Baukunst der Toskana beeinflußt. Hier zeigen sich uns erstmals jene Abhängigkeiten und Verflechtungen der Kunst, denen wir in Florenz auf Schritt und Tritt begegnen. Die Bürger wetteiferten in der Ausstattung der Kirche, der Mosaikschmuck des Innern gehört zu dem bedeutendsten dieser Art in ganz Italien, am schönsten aber sind die drei Bronzetüren. Die südliche hatte schon 1330-36 Andrea Pisano im Auftrag des Rates geschaffen, erst siebzig Jahre später goß Lorenzo Ghiberti von 1403-24 die Nordtüre, die von der Kaufmannszunft gestiftet wurde, und gleich danach begann er mit der Osttür, für deren Fertigstellung er weitere siebenundzwanzig Jahre benötigte. Fünfundzwanzig Jahre erst war der Künstler alt gewesen, als er den ehrenvollen Auftrag erhielt, mit vierundsiebzig Jahren hatte er – drei Jahre vor seinem Tode – das große Werk vollendet, zwei Bronzetüren, die ihm Unsterblichkeit schenkten, und kein geringerer als Michelangelo sagte von der Osttür, sie sei würdig, die Pforte des Paradieses zu bilden. Gerade an dieser „Paradiespforte", wie sie heute genannt wird, begegnen wir auch dem Meister selbst, der sein Selbstbildnis in ein kleines Oval im linken Türflügel eingesetzt hat.

Wohl zur gleichen Zeit wie mit dem Baptisterium, vielleicht aber auch schon etwas früher, wurde im 11. Jahrhundert mit dem Bau von S. Miniato al Monte begonnen. Oben auf dem Berg im Süden der Stadt, wo im 3. Jahrhundert ein armenischer Prinz als Einsiedler gelebt hatte und wohin er trotz abgeschlagenen Hauptes nach seinem Märtyrertod wieder zurückgekehrt war, wie die Legende erzählt, schufen unbekannte Baumeister nach dem Schema frühchristlicher Basiliken den Bau. Die mit klassischen Halbsäulen und Pilastern gegliederte Fassade ist das Bindeglied zwischen der Antike, die hier noch als Vorbild diente, und den Werken eines Brunelleschi und Donatello, die sie ihrerseits übernommen haben. An der kostbaren Innenausstattung arbeiteten Künstler jahrhundertelang, bis dann draußen mit dem Glockenturm im 16. Jahrhundert der Endpunkt der Arbeit gesetzt wurde und so ein Prachtwerk entstand, dessen Anblick der Besucher am späten Nachmittag genießen sollte, wenn die letzten Sonnenstrahlen

die Fassade und das Mosaik in ihrem Giebel auf-
leuchten lassen.

Die große Bauzeit in Florenz begann Mitte des
13. Jahrhunderts, die zweite Mauer der Stadt war
vollendet und umschloß das Gebiet zu beiden Seiten des Arno. Im Stadtkern gab es einige wenige
bedeutende Kirchen, die Benediktiner besaßen
hier schon seit 969 ein Kloster, die heutige Badia,
das ein geistiges und religiöses Zentrum bildete.
Nun aber kamen die neuen Orden, die Augustiner,
Dominikaner, Karmeliten, Franziskaner, Serviten,
und sie alle begannen mit dem Bau ihrer Klöster
und Kirchen, die aber fast ausnahmslos an den
Rand der Stadt gerückt waren. Man kann sich
kaum mehr vorstellen, daß so berühmte Kirchen
wie S. Maria Novella und S. Croce, die heute im
Herzen von Florenz liegen, damals noch außerhalb der Mauern errichtet wurden.

Auch die Bürger wollten neben den stattlichen
Ordenskirchen nicht zurückstehen, wollten nun einen Dom, „großartiger und prächtiger, als man ihn
irgendwo finden kann". Nicht um die Verherrli-
chung Gottes, sondern um das Ansehen der Stadt
ging es ihnen also, und dafür waren ihnen auch
keine Opfer zu groß. Immerhin war die Bevölke-
rungszahl ja in der zweiten Hälfte des 13. Jahrhunderts schon auf mehr als siebzigtausend ge-
stiegen, für sie wurde also 1294 mit dem Neubau
des Domes begonnen.

Eine große Kirche konnte damals nicht in wenigen Jahren fertiggestellt werden, die Bauarbeiten dauerten Jahrzehnte, oft sogar mehr als ein
Jahrhundert. Wenn man bedenkt, daß 1246 mit
dem Bau der Dominikanerkirche S. Maria Novella, 1255 mit dem des Bargello als erstem wichti-
gem Verwaltungssitz der Stadt, 1294 mit dem
Dombau, ein Jahr später mit dem Bau der Franziskanerkirche S. Croce, 1299 mit dem Palazzo Vecchio begonnen wurde und man überdies auch
noch 1284 – eigentlich weitgehend überflüssig –

Die Loggia dei Lanzi beim Palazzo Vecchio in Florenz.
Stich von G. Bauernfeind

mit einer dritten Stadtmauer angefangen hatte, die
vor allem südlich des Arno weit über die ange-
stammten Grenzen der Stadt hinausgriff, kann
man sich leicht vorstellen, daß Florenz im letzten
Jahrzehnt des 13. Jahrhunderts einer riesigen Bau-
stelle glich, daß aber auch die Finanzen aufs äu-
ßerste angespannt waren und Privatleute unter
dem ständigen Mangel an Arbeitskräften litten.

Die ersten Pläne für den Neubau des Domes
stammten von Arnolfo di Cambio, dem gleichen
Architekten, der auch für den Bau der dritten

Stadtmauer verantwortlich war. Für die erste Phase des Dombaues benötigte man schon ein volles Jahrhundert.

1299 wurde mit dem Bau des Palazzo dei Priori (später Palazzo Vecchio) begonnen. Zwar hatte sich die Commune erst wenige Jahrzehnte zuvor mit dem Bargello ein eigenes Verwaltungszentrum geschaffen, aber das reichte dem neuen Selbstbewußtsein nicht mehr aus. In den Kämpfen zwischen Guelfen und Ghibellinen war eine kleine Atempause eingetreten und nach der Ausschaltung des Adels die Regierung der Stadt an die Zünfte übergegangen, die ihrem Selbstverständnis sichtbaren Ausdruck verleihen und nun für ihre Zunftmeister, die Priori, einen Amtssitz schaffen wollten. Es sollte ein stolzer, wehrhafter Bau sein, in dem sie, „von den Drohungen der Mächtigen geschützt" und abgeschirmt auch gegen sonstige Beeinflussungen, bewacht zugleich von einer Hundertschaft städtischer Soldaten, wohnen und tagen konnten. Die Innengliederung des neuen Baues spiegelt die Verfassungshierarchie der Stadt; denn zu ebener Erde tagte der Bürgerrat mit seinen dreihundert Mitgliedern, im ersten Stock der „Rat der Hundert", während der zweite den Prioren als Wohn- und Amtssitz diente. Im Gegensatz zu den Kirchenneubauten, die sich meist lange hinzogen, wurde dieser Palazzo, dessen Entwurf Arnolfo di Cambio zugeschrieben wird, innerhalb von nur sechzehn Jahren vollendet, später dann allerdings noch wesentlich erweitert.

Die erste Hälfte des 14. Jahrhunderts brachte den Bau des Campanile. Der damals etwa siebzigjährige Giotto di Bondone, von dem noch die Rede sein wird, versuchte mit ihm 1334 dem Dombau, der ins Stocken geraten war, neue Impulse zu geben. Sein Werk wurde von 1337 an durch Andrea Pisano und Jacopo Talenti fortgesetzt. Zur gleichen Zeit wurde mit dem Bau der letzten bedeutenden Kirche von Florenz begonnen. Orsan-

michele, die Michaelskirche beim Gemüsegarten (italienisch orto = Gemüsegarten), war aus einem städtischen Getreidespeicher hervorgegangen, der im Untergeschoß zu einem Oratorium und schließlich zu einer Kirche ausgebaut wurde.

Dann aber brach – wie wir schon in einem früheren Kapitel hörten – die Pest aus, ihre furchtbaren Folgen wirkten wie ein eisiger Reif auf die blühende Baulandschaft von Florenz. Allmählich lockte das durch die schweren Bevölkerungsverluste entstandene Vakuum neue Arbeiter und Handwerker in die Stadt. Zögernd begann man mit dem Bau des Langhauses für den Dom, erst 1379 konnte es für den Gottesdienst in Gebrauch genommen werden.

Zur gleichen Zeit wurde zwischen 1374 und 1381 auf der Piazza della Signoria die prächtige Loggia errichtet, in der fortan die öffentlichen Zeremonien „zu Ehren und Ansehen der Gemeinde" stattfinden sollten, ein erneutes Symbol für den Stolz und den Freiheitssinn der Bürgerschaft. Ihren Beinamen „dei Lanzi" erhielt sie erst im 16. Jahrhundert, als Cosimo I. hier die Landsknechte unterbrachte, die seine Leibwache bildeten.

Fünfzig Jahre später begann die letzte große Bauphase, die zugleich die Frührenaissance in Florenz einleitete. Sie ist eng verbunden mit Filippo Brunelleschi, der seiner Vaterstadt eine Reihe unvergleichlicher architektonischer Meisterwerke schenkte. Eigentlich hatte er Goldschmied gelernt, im Wettbewerb um die Gestaltung der Bronzetüren für das Baptisterium war er Ghiberti unterlegen, dafür studierte er dann die antike Architektur und schuf im Alter von zweiundvierzig Jahren das Ospedale degli Innocenti, das Findelhaus, eine damals ungemein wichtige und vor allem segensvolle soziale Einrichtung, der wohl viele Kinder aus den ärmeren Schichten der Stadt überhaupt ihr Leben zu verdanken hatten. Zwei Jahre später ent-

Orsanmichele in Florenz. Stich von G. Bauernfeind

170

warf er im Auftrag Piero Medicis den Neubau von S. Lorenzo, jener Kirche, der fortan die Medici ihre besondere Aufmerksamkeit und Gunst zuwenden sollten. Keine Kunstgeschichte wird versäumen, auf den bahnbrechenden Charakter seiner Pläne hinzuweisen, mit denen er zum Begründer der neuzeitlichen Säulenordnung in den europäischen Kirchen wurde und die Renaissancearchitektur die alten gotischen Hallenkirchen ablöste. Es folgten weitere Kirchen wie der Neubau der Augustinerkirche S. Spirito und das Kleinod der Pazzi-Kapelle neben S. Croce, die als Kapitelsaal für das dortige Kloster und zugleich als Grablege für die Familie Pazzi diente. Die Krönung seines Lebenswerkes und zugleich die der Florentiner Architektur aber bildete die Kuppel des Domes. In den ersten Jahrzehnten des 15. Jahrhunderts hatte man schon mit dessen Ausstattung begonnen, auch die Umfassungsmauer der Choranlage hochgeführt und den Kuppeltambour fertiggestellt. Zwar hatte Brunelleschi den für die Kuppel ausgeschriebenen Wettbewerb gemeinsam mit Ghiberti gewonnen, und gemeinsam sollten sie auch das Werk ausführen, doch bald stellte sich heraus, daß der großartige Erzgießer Ghiberti, der Schöpfer der Baptisterium-Türen, hier versagte und der geniale Brunelleschi also zur Seele der Bauarbeiten wurde und von 1426 an die alleinige Leitung übernahm, eine für damalige Verhältnisse geradezu gigantische Leistung. Brunelleschi hatte sich verpflichtet, diese Kuppel „ohne Gerüste" freischwebend aufzuführen. Sechzehn Jahre dauerten die Bauarbeiten, dann war das Werk, das wie kein anderes die Silhouette der Stadt prägt, schon fertiggestellt, nur die sechzehn Meter hohe Laterne wurde erst zwei Jahrzehnte später noch nach den Plänen Brunelleschis errichtet. 1436 konnte Papst Eugen IV. unter der Anteilnahme der ganzen Stadt und in Anwesenheit der damals berühmtesten Künstler wie Brunelleschi, Donatello, Ghiberti,

Michelozzo, Luca della Robbia den Dom endlich einweihen. Genau einhundertzweiundvierzig Jahre waren seit dem Baubeginn vergangen.

Natürlich wurden außer den bisher aufgezählten großen Kirchen noch zahlreiche andere errichtet, aber man kann sagen, daß Florenz um die Mitte des 15. Jahrhunderts – also nach rund zweihundert Jahren – jenes Aussehen erhalten hatte, das uns heute noch so tief beeindruckt. Es waren Jahrhunderte innerer Wirren und starker politischer Spannungen gewesen, und es ist ein schwer zu erklärendes Phänomen, daß die Comune trotz des Parteienhaders und, nicht zu vergessen, trotz der Pest die Kraft fand, das alles zu verwirklichen!

Die wohl älteste Gesamtansicht der Stadt entstand nur wenig später, etwa um 1470, ein Blick aus der Vogelschau. Die Zeit der Geschlechtertürme, wie sie noch das Fresko aus dem Jahre 1352 im Waisenhaus del Bigallo zeigt, war vorüber, rund einhundertfünfzig solcher Türme waren inzwischen verschwunden, die Türme der Kirchen bestimmten nun das Bild der Stadt. S. Maria Novella und S. Croce gehörten jetzt schon zum Stadtkern, doch innerhalb des Mauerringes lagen im Norden und Nordwesten noch große unbebaute Flächen. Vier Brücken überquerten schon den Arno, auf der ältesten, dem Ponte Vecchio, standen bereits seit dem 13. Jahrhundert die Verkaufsläden, die ihr heute ein so pittoreskes Aussehen verleihen. In dem Gewimmel der Häuser erkennt man deutlich die komfortablen Palazzi, die nun an die Stelle der alten Adelssitze mit ihren hohen Türmen traten. Allein in den zwei Jahrzehnten zwischen 1450 und 1470 wurden an die dreißig solcher Bauten errichtet, die oft den Umfang eines ganzen Häuserblocks hatten und Wohn- und Geschäftsräume in sich vereinten. Hier liefen die Fäden der Handels- und Geldunternehmen zusammen. Charakteristisch für diese Palazzi waren ihr abweisen-

Rustikaquadern des Palazzo Strozzi in Florenz. Stich von G. Bauernfeind

des Äußeres und die Rustikaquadern der Außenmauern, wie wir sie schon vom Palazzo Vecchio her kennen und die jetzt, wie der Kunsthistoriker Wolfgang Braunfels einmal hervorhob, bewußt als

Ausdruck neuen Selbstverständnisses vom Stadtpalast auf den Privatpalast übertragen wurden. Wieviele Wohnhäuser in Florenz standen, wissen wir ebensowenig wie die genaue Einwohnerzahl der Stadt. Nach der großen Pest lag sie Ende des 14. Jahrhunderts bei etwa 7000, und an dieser Zahl hat sich wahrscheinlich bis zur Mitte des 16. Jahrhunderts nur noch wenig geändert.

Bis zur Mitte des 15. Jahrhunderts standen fast alle wichtigen Kirchen und öffentlichen Gebäude, die Gefäße sozusagen, die Schatzkammern, die von neuen Künstlergenerationen nun mit ihren kostbaren Inhalten gefüllt werden sollten. Schon nach 1320 hatte Giotto die Fresken in der Bardi- und der Peruzzikapelle in S. Croce geschaffen und damit auch in Florenz einen neuen wirklichkeitsnahen Stil des religiösen Bildnisses eingeführt. Kaum zu glauben, daß dieses Meisterwerk der Malerei im 17. und 18. Jahrhundert übertüncht und erst im 19. wieder freigelegt wurden. Da auch die anderen Kapellen fast ausnahmslos von Giotto-Schülern ausgemalt wurden, darf man mit Recht sagen, daß der Geist dieses großen Meisters die Malereien von S. Croce prägte.

Das erste große malerische Werk nach der Pest waren die Fresken in der Spanischen Kapelle, dem alten Kapitelsaal der Dominikaner neben S. Maria Novella. Andrea Bonaiuto, der sich nach seiner Heimatstadt Andrea da Firenze nannte, malte sie 1365. Uns interessiert dabei besonders die „Allegorie der Kirche"; denn hier ist eine illustre Gesellschaft mit Kaiser, Papst, Kardinälen, Priestern und Laien vor einem Modell des Domes von Florenz versammelt. Dessen Kuppel, die damals ja noch nicht begonnen war, hat der Maler unmittelbar auf das Dach des Langhauses gesetzt. Gerade bei der Betrachtung dieses Bildes spürt man erst, welch ein genialer Einfall es war, die Kuppel durch den Tambour als etwas Eigenständiges über das Dach der Kirche hinauszuheben.

Seit dem ersten Drittel des 15. Jahrhunderts durchwehte ein neuer Geist die Stadt. Florenz wurde zu einem Zentrum der humanistischen Wissenschaften. Gelehrte wetteiferten in der Wiederbelebung antiker Texte, philologisch-humanistische Gelehrsamkeit verband sich dabei aufs engste mit der Freude am Schönen und am Lebensgenuß. Es war ein Glücksfall, daß Lorenzo il Magnifico nicht nur Verständnis für ihre Studien zeigte, sondern sie nach allen Kräften förderte. Ein neues Lebensgefühl erfaßte nun auch die Künstler.

Die Zeichen der neuen Zeit manifestieren sich am schönsten in der wenig bedeutenden Kirche des Karmelitenklosters S. Maria del Carmine am linken Arnoufer. Die meisten Touristen gehen achtlos an ihr vorüber, und doch birgt sie ein besonderes Kleinod, eine Kapelle mit Wandfresken des jungen Tommaso di Giovanni di Simone Guidi, den man kurz Masaccio nannte. Als Einundzwanzigjähriger war er aus der Umgebung 1422 nach Florenz gekommen, hatte schon ein Jahr später durch den Großkaufmann Brancacci den Auftrag erhalten, zusammen mit dem Maler Masolino die Familienkapelle auszugestalten. Wenn der Kaufmann vielleicht aus Sparsamkeitsgründen einen jungen unbekannten Künstler gewählt hatte, konnte er nicht ahnen, daß durch diesen sein Name Unsterblichkeit erlangen würde; denn mit den Fresken, die als das bedeutendste Werk seit Giotto gelten, begründete Masaccio die Renaissancemalerei in Italien. Das neue Lebensgefühl, von dem bei den Humanisten eben die Rede war, hier ist es sichtbare Realität geworden, wirklichkeitsnah werden die Menschen in ihrer Umwelt dargestellt. Es lohnt allein schon, diese Menschen einmal näher zu betrachten, sind sie doch auch ein Zeugnis für die Kulturgeschichte der Frührenaissance, diese Stutzer, Damen, Bettler, Krüppel, Bürger – sie bewegen sich vor dem Hintergrund der Stadt, vor

Mietshäusern und Palästen, sie sind uns wichtiger noch als die ehrwürdigen Heiligen, um derentwillen die Bilder entstanden. Wie ein Komet war Masaccio aufgestiegen; lange Zeit blieb ihm nicht vergönnt, denn er starb schon im Alter von siebenundzwanzig Jahren. Aber sein Vorbild wirkte weiter, die Zahl der großen Maler wuchs seit der Mitte des 15. Jahrhunderts, und wir müssen uns bei der Spurensuche schon mit den bedeutendsten begnügen.

Im Kloster S. Marco am Nordrand der Stadt, das den Dominikanern gehörte, hatte seit 1440 Fra Angelico seine Zelle und die Malerwerkstatt. Eigentlich hieß er Guido di Pietro oder mit dem Klosternamen Fra Giovanni, stammte aus dem Mugellotal nördlich von Florenz und war um 1420 als Zwanzigjähriger in das Kloster eingetreten. Seine zahlreichen Fresken, Altar- und Andachtsbilder mit religiösen Themen verschafften ihm den Beinamen Angelico, den neuen Stil der Renaissance übernahm er nur zögernd, blieb mehr der Konservative, mit dem der weiche Stil der zu Ende gehenden Gotik noch einmal seinen schönen Ausklang erlebte. Der Besuch von S. Marco lohnt sich deshalb in dreifacher Hinsicht; man lernt hier nicht nur einige der schönsten Werke des frommen Malers kennen, sondern auch seine Welt, da das alte Kloster renoviert wurde und einen Einblick in das Klosterleben des 15. und 16. Jahrhunderts erlaubt. Und schließlich erinnert hier, wie wir schon früher hörten, eine Zelle auch an Savonarola, der ebenfalls zu den Dominikanern von S. Marco gehörte.

Nur wenig später begann 1459 Benozzo Gozzoli, ein gebürtiger Florentiner (1420), der als Schüler und Gehilfe Fra Angelicos seine Kunst erlernt hatte, mit der Ausschmückung der Kapelle im Palazzo Medici. Sein „Zug der Heiligen Drei Könige" wurde zu einer Art Familienbild der Medici, hat er doch den zwölfjährigen Lorenzo, seinen Bruder und deren Vater Piero il Gottoso dargestellt, auch wollte er zugleich an das Konzil von Florenz erinnern, das 1439 stattgefunden hatte, und so schuf er im Auftrag der Medici im ältesten König ein Porträt des Patriarchen von Konstantinopel, und an der Schmalwand verewigte er den byzantinischen Kaiser Johannes VIII. Die Medici wußten eben, was sie dem Andenken ihrer illustren Gäste schuldig waren!

Die zweite Hälfte des 15. Jahrhunderts wurde zur großen Zeit Botticellis und Ghirlandaios. Auch Alessandro Filipepi, wie Botticellis richtiger Name lautete, stammte aus Florenz, wo er 1445 geboren wurde. Ursprünglich war er Goldschmied gewesen, hatte dann bei Filippo Lippi als Maler gelernt. Daß er wie nur wenige Künstler den Geist des Humanismus in seinen Bildern verwirklichte, spürt man allein schon bei Betrachtung seiner „Geburt der Venus", weniger mag es einem einleuchten, daß dieser sinnenfrohe Maler, dieser Interpret vergeistigter Schönheit ein Anhänger des weltabgewandten Savonarola wurde. Seine bedeutendsten Gemälde, die er fast alle für verschiedene Mitglieder der Familie Medici schuf, werden heute in den Uffizien aufbewahrt und ausgestellt, so daß die Begegnung mit dem Meister eigentlich recht leicht ist, vorausgesetzt, man findet eine ruhige Minute, in der man dem Drängen der Menge vor den Bildern zu entgehen vermag.

Anders ist das bei Domenico di Tommaso Bigordi, den man Ghirlandaio nennt. Er war vier Jahre jünger als Botticelli und wie dieser Florentiner. In seiner Heimatstadt schuf er die Fresken in der Chorkapelle von S. Maria Novella mit Szenen aus dem Leben Mariens und Johannes des Täufers. Man kann sich gar nicht sattsehen an diesen Bildern, und was schon für Masaccios Fresken gesagt wurde, gilt hier noch in weit höherem Maße. Sie sind Zeugnisse Florentiner Lebens in der zweiten Hälfte des 15. Jahrhunderts, mit einer be-

sonderen Vorliebe für das realistische Detail gestaltet, amüsante Bilderzählungen vom Alltag der bürgerlichen Familien in Florenz, die in ihren Einzelheiten immer wieder aufs neue überraschen. Nicht nur die Interieurs oder die Mode der Damen, auch die Augenblicksbilder aus dem Florentiner Leben entzücken, wie etwa die beiden jungen Männer im Hintergrund der „Heimsuchung", die, über die Mauerbrüstung gelehnt, auf die Stadt hinabblicken. Sie lohnen das Verweilen – und die Benutzung eines Fernglases! Dann wird man auch die Gesichter noch besser erkennen, fast durchweg lebensnahe Porträts von Mitgliedern der Florentiner Gesellschaft. Auch Ghirlandaio selbst kann man ganz rechts bei der „Ablehnung von Joachims Opfer" begegnen.

Die Strozzi-Kapelle in S. Maria Novella hat Ghirlandaios Kollege und Zeitgenosse Filippino Lippi, der Sohn des ehemaligen Mönchs und Malers Filippo Lippi, gemalt, der etwa 1457 in Prato geboren wurde. Sein Selbstbildnis hängt in den Uffizien, der Freskenzyklus der Strozzi-Kapelle ist bewegter, sensibler als die Bilder des ruhigausgeglichenen Ghirlandaio. Es muß schon dem Geschmack des Betrachters überlassen bleiben, welchem der beiden Künstler er den Vorzug geben will. Auf keinen Fall aber sollte er versäumen, auch auf die andere Arnoseite nach S. Spirito hinüberzugehen, einer Kirche, die schon wegen der Architektur Brunelleschis den Besuch lohnt; denn unter den vielen kostbaren Altarbildern findet er dort den „Altar des Tanai dei Nerli", ein Frühwerk des jungen Lippi, der nicht nur ungemein lebendige Bildnisse des Stifters und seiner Frau vor der Gottesmutter zeigt, sondern auch durch die Arkaden hinter der Madonna einen Blick auf eine Straße in Florenz mit dem Stadtpalast der Nerli erlaubt, wo sich gerade der Kaufmann vor einer Reise von seinem Töchterchen verabschiedet.

Wir sind auf unserer Suche nach den Künstlern

Das Fresko von Ghirlandaio in S. Maria Novella (1486-90) schildert die Geburt des Täufers Johannes wie einen Besuch vornehmer Florentinerinnen bei einer Wöchnerin

erneut am Ende des 15. Jahrhunderts angelangt, in jenen Jahren, in denen die obenerwähnte Ansicht der Stadt entstand, den Jahren, in denen ein Lorenzo Medici so prächtig Hof hielt und die Künste förderte, in denen die Wissenschaften blühten, in denen auch ein gewisser Paolo Toscanelli, seines Zeichens Arzt und Astronom, den jungen und damals noch völlig unbekannten Kapitän Christoph Kolumbus ermunterte, doch auf der Suche nach einem neuen Seeweg nach Indien die Westroute über den Atlantik zu wagen. Mochte seine Auffassung von der Gestalt der Erde auch auf einem Irrtum beruhen, so half dieser Irrtum doch mit bei der Entdeckung Amerikas.

Im gleichen Jahr 1492, als Kolumbus im Vertrauen nicht zuletzt auf diesen Florentiner nach Westen segelte, begann bald danach die kurzzeiti-ge „Republik Gottes" unter dem Mönch Savonarola, der so heftig gegen die Profanierung der Kunst ankämpfte. Auf dem berühmten „Scheiterhaufen der Eitelkeit" verbrannten kostbare Bilder, Werke von Botticelli darunter, der sie selbst hier opferte. Damals war Michelangelo Buonarroti gerade zwanzig Jahre alt. 1475 in Caprese in der Toskana geboren, hatte er 1488 seine Lehre bei Ghirlandaio begonnen, Lorenzo war dann auf den Knaben aufmerksam geworden, hatte seine Begabung erkannt und ihn gefördert. Nach dem Tode seines Gönners verließ Michelangelo Florenz, kehrte aber 1501 wieder dorthin zurück, wo jener David entstand, der für den Platz vor dem Palazzo Vecchio bestimmt war und heute zu den kostbarsten Werken der Accademia gehört. Nach Jahren intensiver künstlerischer Arbeit in Rom rief ihn 1520 der

Michelangelo,
Pieta (unvollendet) im Dom von Florenz

Auftrag der Medici erneut nach Florenz zurück, um hier in der Alten Sakristei von S. Lorenzo die Grablege dieses Geschlechts zu schaffen. Vierzehn Jahre lang hat er mit Unterbrechungen an der Grabkapelle und an den Figuren gearbeitet, und wenn das Werk auch unvollendet blieb, so gehört es doch zu den künstlerischen Höhepunkten der an Kunstwerken so reichen Arnostadt.

Auch die Biblioteca Laurenziana, mit deren Bau um 1524 begonnen wurde, geht auf einen Entwurf Michelangelos zurück. Der greise Künstler arbeitete nach 1550 dann an jener „Pietà", die heute im Dom steht. Vielleicht hat er mit der Gestalt des Nikodemus sich selbst gemeint. Vasari erzählt jedenfalls, daß er zu Füßen dieser Gruppe beigesetzt werden wollte. Sein Wunsch ging nicht in Erfüllung. Nach seinem Tode 1564 wurde er

zwar von Rom nach Florenz überführt, sein Grab aber fand er wie so viele große Florentiner in der Kirche S. Croce.

Mit ihm hatte die Kunst der Renaissance in Florenz ihren Höhepunkt erreicht und überschritten. In der zweiten Hälfte des Jahrhunderts vollzog sich allmählich der Übergang zum Barock. Die politischen und geistigen Veränderungen im Staate blieben nicht ohne Auswirkungen auf die Künste. Den Spuren Vasaris, Benvenuto Cellinis oder des Malers Giovanni da Bologna werden wir noch im Zusammenhang mit der Geschichte der Großherzöge begegnen. Auch sie haben Bleibendes geleistet, aber die künstlerische Glanzzeit der Stadt war nun vorüber, auf die schöpferische Epoche folgte die bewahrende, die auch heute noch andauert.

176

Medici und Lothringen –
Auf den Spuren der Großherzöge

Wollte man fragen, welches Mitglied der Familie Medici Florenz als Kunststadt besonders nachhaltig gefördert hat, so fiele die Wahl unter den großen Namen nicht leicht, doch müßte man wohl als einen der ersten jenen Cosimo nennen, mit dem die jüngere Linie der Medici an die Herrschaft kam. Als Sohn der leidenschaftlich kühnen Katharina Sforza und des kriegerischen Giovanni delle Bande Nere schien er zur Herrschaft geradezu berufen, und tatsächlich bewies er vom Tage an, da er, siebzehnjährig, 1537 die Herrschaft in Florenz übernahm, erstaunliches politisches Geschick. Im Gegensatz zu den meisten seiner Vorgänger verfügte er jedenfalls über ein klares politisches Konzept – und wußte es vor allem auch durchzusetzen. Die allgemeine politische und militärische Lage in Italien und in Mittel- und Westeuropa erleichterte ihm dabei sein Vorgehen. Die langwierigen schweren Auseinandersetzungen zwischen Kaiser Karl V. und König Franz I. von Frankreich, in die ja auch Florenz verwickelt worden war, klangen ab; 1544 endete der vierte und letzte Krieg zwischen den beiden mit dem Frieden von Crépy. Cosimo ergriff von Anfang an für den Kaiser Partei. Nachdem sich der Plan zerschlagen hatte, die Witwe seines ermordeten Vorgängers und Tochter Karls V. zu heiraten, vermählte er sich 1539 mit Eleonore von Toledo, der Tochter des spanischen Vizekönigs von Neapel. Mit den acht Kindern aus dieser Ehe überflügelte er sogar Lorenzo den Prächtigen, der es nur auf sieben gebracht hatte. Doch er hatte wenig Glück mit ihnen, teils starben sie in jungen Jahren, drei von ihnen wurden ermordet.

Das wohl beste Porträt Cosimos, das sein Hofmaler Agnolo Bronzino geschaffen hat, hängt heute in der Gemäldegalerie in Kassel. Man vermag sich durchaus vorzustellen, daß dieser Mann ein kalter Politiker, doch zugleich auch ein Freund der Künste war. Seinen Gegnern hatte er gleich zu Beginn seiner Herrschaft mit einer Reihe von Hinrichtungen das Fürchten gelehrt. Die Florentiner liebten ihn nicht besonders, aber sie achteten ihn und wußten es zu schätzen, daß unter ihm wieder Ruhe und Wohlstand in der Stadt einkehrten. Noch einmal vereinigten sich in ihm alle Vorzüge mediceischen Mäzenatentums, er förderte die Künstler, sicher auch aus persönlichem Interesse und aus Freude an der Kunst, vor allem aber auch aus der nüchternen Überlegung, daß ein solches Vorgehen das Ansehen des Fürsten erhöhte. So wurde sein Hof wieder zu einem Mittelpunkt für das geistige und künstlerische Leben in Florenz. Zu den bedeutendsten Künstlern, die Cosimo in seine Dienste zog, gehörten Benvenuto Cellini, dessen bronzener Perseus mit dem abgeschlagenen Medusenhaupt heute noch in der Loggia dei Lanzi auf der Piazza della Signoria steht, und Baccio Bandinelli, der den Herkules vor dem Palazzo Vecchio schuf, dann die Maler Jacopo da Pontormo, Agnolo Bronzino, Jacopo Bassano, Giambologna und zahlreiche andere, deren Werke heute die Galerien in den Uffizien und im Palazzo Pitti schmücken. Beide Galerien verdanken Cosimo ihre Entstehung. Dieser hatte in dem aus Arezzo stammenden Giorgio Vasari (1511 bis 1574) einen vielseitig begabten Künstler gefunden, der nicht nur als Maler, sondern vor allem auch als Architekt hervortrat. Auch heute noch zeigt Florenz vielfältige Spuren seiner Bautätigkeit. So gestaltete er den Hof des Palazzo Vecchio in seiner jetzigen Form, er beendete die schon von Michelangelo begonnene Biblioteca Laurenziana und baute die Uffizien. Wie schon der Name besagt, war dies ursprünglich ein Ämter- bzw. Bürogebäude, das dreizehn der wichtigsten Behörden aufnehmen sollte. In einem ganz modernen Sinne hatte Cosimo angeordnet, daß diese selbst die Mittel für den Bau aufbringen mußten. Unter seinem Sohn wurden dann hier im Obergeschoß die

Palazzo Pitti in Florenz. Stich von G. Bauernfeind

Kunstsammlungen der Medici untergebracht, die die Keimzelle der heutigen weltberühmten Galerie bildeten. Vasari baute auch den „Corridorio", einen überdachten Gang, der von den Uffizien an der Ostseite des Ponte Vecchio entlang über den Arno zum Palazzo Pitti führt. Cosimo hatte ihn in Auftrag gegeben, um rasch und sicher vom Palazzo Vecchio zum Palazzo Pitti gelangen zu können. Dieser war von seiner Gemahlin Eleonore gekauft und mit großem Aufwand zum neuen Wohnsitz der Familie um- und ausgebaut worden. Er diente auch in den folgenden Jahrhunderten den Großherzögen und später dem italienischen König als Wohnsitz und wurde 1918/19 in die heute ebenfalls weltberühmte Galerie umgewandelt.

Cosimos besonderes Interesse galt den Naturwissenschaften, und auch das hat seine Spuren hinterlassen; denn ihm verdanken wir einen Teil der Boboli-Gärten hinter dem Palazzo Pitti und den Botanischen Garten in Pisa.

Schwere persönliche Schicksalsschläge wie der Tod mehrerer Kinder und der seiner Frau hatten Cosimo getroffen, als er noch einmal einen lang ersehnten politischen Triumph erlebte. Nachdem sein ältester Sohn Francesco schon 1565 mit Johanna von Österreich, einer Tochter Kaiser Ferdinands I., vermählt und die Familie damit dynastisch aufgewertet worden war, erreichte er nun den Gipfel seiner Macht und wurde 1570 im Alter von einundfünfzig Jahren durch Papst Pius V. in der Peterskirche in Rom mit großem Prunk zum Großherzog gekrönt und damit über alle anderen Fürsten Italiens erhoben. Man kann diese Szene auf einem großen Gemälde von Jacopo Ligozzi im „Saal der Fünfhundert" im Palazzo Vecchio nacherleben.

Die Familie Medici hatte nun nach gut einem Jahrhundert den äußeren Höhepunkt ihrer Macht erreicht. Als Cosimo I. starb, gingen Herrschaft und Titel eines Großherzogs auf seinen Sohn Francesco über, der für den gichtgeplagten Vater schon in dessen letzten Lebensjahren die Regierungsgeschäfte geführt hatte. Mit ihm beginnt die Reihe der Epigonen, die in den Werken über die Medici gewöhnlich mit einigen wenigen Seiten, in den Geschichtsbüchern mit ein paar Sätzen abgetan werden. Wer ihnen allen auf einmal begegnen möchte, muß nur in Pisa zum Palazzo dei Cavalieri gehen; denn dort stehen in der Außenfront zwischen den Fenstern des ersten und zweiten Stockwerks in ovalen Nischen die weißen Marmorbüsten der sechs Großherzöge aus dem Hause Medici, beginnend mit Cosimo I., seinen Söhnen Francesco I. und Ferdinando I. und dessen drei Nachfahren Cosimo II., Ferdinando II. und Cosimo III. Nur Gian Gastone, der letzte, fehlt. Für Kultur und Kunst in Florenz und der Toskana haben sie, alter Familientradition gemäß, viel getan, so daß sich ihre Spuren wie die ihrer großen Vorgänger allenthalben im Lande verfolgen lassen.

Mit Francesco I. sind wir in das Barockzeitalter eingetreten, und so wie die Künstler neue Ausdrucksformen suchten und neue Wege gingen, so wandelte sich auch die Herrschafsauffassung der Großherzöge. Francesco war ein gebildeter Mann, interessierte sich für Kunst und vor allem für die Naturwissenschaften. Wie mancher deutsche Fürst des ausgehenden 16. und 17. Jahrhunderts beschäftigte er sich eifrig mit der Alchimie, und häufig empfing er seine Minister und ausländische Gesandte lieber im Laboratorium als in den Staatsgemächern. Dabei besaß er das wohl schönste Arbeitszimmer eines Medici; denn er hatte sich im Palazzo Vecchio ein Studierzimmerchen einrichten lassen, das zu Recht als einer der schönsten Innenräume Florentiner Spätrenaissance gilt. Vasari hatte es ihm nach 1570 eingerichtet, mit herrlichen Wandschränken, deren dekorierte Türen historische und mythologische Szenen zeigen, dazwischen in den Nischen Bronzefiguren antiker Götter. Die Deckengemälde stellen die geheime Verbindung zwischen Kunst und Natur dar, in den Lünetten sieht man die Bildnisse Cosimos I. und seiner Gemahlin Eleonore. An diesem in seiner Art einmaligen Raum haben fast alle bedeutenden Künstler des damaligen Florenz mitgewirkt.

Für die Regierungsgeschäfte oder gar für das Wohl seiner Untertanen hatte Francesco allerdings weniger übrig. In dieser Hinsicht traf er sich mit seiner Frau, die in der Toskana nie richtig heimisch und wegen ihrer hochfahrenden Art von der Bevölkerung nicht geschätzt wurde. Als sie nach vierzehnjähriger Ehe starb, heiratete Francesco seine Geliebte Bianca Cappello, eine, wie es heißt, ungewöhnlich schöne und kluge Frau, das genaue Gegenteil der verstorbenen Großherzogin. Sie beherrschte bald den Gatten und auch die Politik im Großherzogtum. Ihren Bildnissen begegnen wir sowohl in den Uffizien wie im Palazzo Pitti. Der Großherzog und seine Gemahlin starben

Benvenuto Cellini, Perseus mit dem Haupt der Medusa. Bronzestatue in der Loggia dei Lanzi

Der Hafen von Livorno. Marmorintarsie. Florenz, Uffizien

1587, wahrscheinlich an Malaria, so kurz hinter-
einander, daß man im Volk von Gift munkelte und
sich sein Bruder und Nachfolger Ferdinando I. be-
eilen mußte, eine offizielle Erklärung abzugeben,
daß die beiden eines natürlichen Todes gestorben
seien.

Ferdinando war achtunddreißig Jahre alt, als er
an die Regierung kam, und hatte schon den Kardinalshut erhalten. Jetzt folgte er der Familienräson,
legte seine geistliche Würde nieder und heiratete
die Prinzessin Christine von Lothringen. Zwei-
undzwanzig Jahre regierte er als Großherzog, und
zwar im Gegensatz zu seinem älteren Bruder
durchaus segensvoll für das Land. In ihm lebte

noch einmal der alte Kaufmannsgeist der Medici
auf; denn er mehrte nicht nur das Familienvermö-
gen, sondern verwendete es auch im Geist der frühen Medici für seine Untertanen, indem er die
Trockenlegung der Maremmen und des Chianata-
les erfolgreich vorantrieb und vor allem Stadt und
Hafen von Livorno ausbauen ließ. Heute erinnert
dort das zum Hafen hin orientierte Denkmal an
seine segensreiche Tätigkeit. Er hatte es selbst
noch in Auftrag gegeben, doch wurde es erst 1624
vollendet. Die gewaltigen Negersklaven zu seinen
Füßen symbolisieren seine Seesiege über die
nordafrikanischen Seeräuber, könnten aber auch
an seine Versuche erinnern, in Westafrika eine

Kolonie zu gründen. In Florenz ließ er das Reiterstandbild seines Vaters Cosimo I. auf der Piazza della Signoria errichten, und da er eben viel Wert auf eigene Denkmäler legte, kann man ihn selbst wie in Livorno auch hier auf einem Reiterstandbild auf der Piazza Sant'Annunziata sehen, das der von ihm geförderte Bildhauer Giovanni da Bologna entwarf, das aber erst im Jahre seines Todes vollendet wurde.

Schon Cosimo I. hatte 1561-68 von Vasari das Modell einer Grablege für die jüngere Medici-Linie anfertigen lassen, eine Kapelle, die würdig neben der Neuen Sakristei von S. Lorenzo, dem Werk Michelangelos, bestehen sollte. Ferdinando nahm 1605 die Pläne seines Vaters wieder auf und legte den Grundstein für die „Fürstenkapelle", die von den Florentiner Künstlern ins Überdimensionale gesteigert wurde. Alles sollte dort überwältigend wirken, es wird behauptet, daß man sogar daran dachte, durch eine Kaperflotte das Heilige Grab aus Jerusalem zu entführen, um es hier aufzustellen. Kein Wunder, daß die Kapelle erst im 19. Jahrhundert endgültig fertiggestellt wurde, kein Wunder auch, daß das gewaltige Achteck mit seiner schweren Kuppel und der reichen Innendekoration bei den meisten Besuchern einen unbefriedigenden Eindruck hinterläßt.

Als Ferdinando 1609 starb, war sein Sohn Cosimo II. erst neunzehn Jahre alt. Sein Bildnis von Justus Sustermans in der Galleria Corsini zeigt einen jungen, nach spanischer Mode gekleideten Mann. Spanien beeinflußte aber nicht nur die Mode, sondern auch die Politik. Die Heirat mit einer habsburgischen Prinzessin band den jungen Fürsten von vornherein an das spanisch-habsburgische Lager, gleichzeitig übernahm seine wesentlich ältere Cousine Maria, die Tochter Francescos I., als Königinmutter von Frankreich dort 1610 die Regentschaft für ihren Sohn Ludwig XIII. Auch sie hielt, vom französischen

Hochadel bedroht, zur klerikal-spanischen Partei. Cosimo taktierte nicht ungeschickt zwischen den verschiedenen politischen Gruppen. Er förderte die Künste und Wissenschaften und bezog auch in der Auseinandersetzung um den Astronomen Galileo Galilei eine wohltuend klare Stellung. Sein Vater hatte schon 1589 den großen Naturwissenschaftler als Professor der Mathematik an die Universität Pisa berufen. Noch heute erinnern wir uns beim Anblick des Schiefen Turmes daran, daß er dessen Neigung für seine Untersuchungen über die Gesetze des freien Falls nutzte. Allerdings mußte Galilei seine Professur schon drei Jahre später wieder aufgeben und nach Padua in die Dienste der Republik Venedig gehen. Kaum hatte der junge Cosimo seine Herrschaft angetreten, berief er ihn als Hofastronomen nach Florenz und unterstützte ihn auch bei seinen ersten Auseinandersetzungen mit Rom. Den Höhepunkt dieser Auseinandersetzung mit dem berühmt-berüchtigten Prozeß erlebte er allerdings nicht mehr; denn der stets kränkliche Fürst starb schon 1621 im Alter von erst einunddreißig Jahren.

Sein Sohn Ferdinando war damals ein elfjähriger Knabe, Großmutter und Mutter führten für ihn die Regentschaft bis zu seinem achtzehnten Lebensjahr. Daß gleich zwei seiner jüngeren Brüder Kardinäle wurden, erschien ebenso selbstverständlich wie die Tatsache, daß eine Schwester den Herzog von Parma, die andere einen österreichischen Erzherzog heiratete. Die Familie war saturiert, die Leistungen dagegen waren bestenfalls epigonal. Ferdinando liebte das Leben, empfand seine bigotte, im Kloster erzogene Ehefrau Vittoria della Rovere nur als eine Last, die er mit sich herumschleppen mußte. Neunundvierzig Jahre lang war er Großherzog, das Volk schätzte ihn und vor allem seine Regierung als eine glückliche Zeit. Seiner Unterstützung vor allem hatte Galilei

Gian Gastone, der letzte Großherzog aus dem Hause Medici. Marmorbüste in den Uffizien

den glimpflichen Ausgang seines Prozesses vor der Inquisition in Rom zu verdanken. Danach sorgte er dafür, daß der alte Gelehrte in seine Villa in Arcetri bei Florenz zurückkehren und unbehelligt vom Heiligen Offizium seinen Studien und Arbeiten bis zu seinem Tode 1642 nachgehen konnte. Das ungemein beeindruckende, lebensnahe Bild des zweiundsiebzigjährigen Galilei von Sustermans hängt in den Uffizien, im Nationalmuseum für Geschichte der Naturwissenschaften im Palazzo Castellani ist ihm und seinem Werk ein eigener Raum gewidmet, sein Leichnam mußte allerdings fast hundert Jahre, in einem kleinen Raum in S. Croce abgestellt, warten, bis ihm 1737 ein würdiges Grabmal in der gleichen Kirche errichtet wurde.

Die Regierungszeit Cosimos III. war mit dreiundfünfzig Jahren zwar noch länger als die des Vaters, doch bei weitem nicht so glücklich. George Frederick Young faßte in seiner Medici-Biographie sein Urteil über ihn in einem Satz zusammen: „Cosimos III. Herrschaft ist eine lange Kette von allen Übeln, die nur ein eitler, schwachköpfiger und bigotter Despot anrichten kann." Nur im Ausbau der Kunstsammlungen vermochte er noch einiges zu leisten. Da sein ganz andersgearteter, hochbegabter älterer Sohn Ferdinando schon zehn Jahre vor ihm starb, ging die Regierung an den jüngeren Sohn Gian Gastone über. Dieser war schon zweiundfünfzig Jahre alt, als er den Thron bestieg, ein müder, kranker Mann, der sich aber noch redlich bemühte, wenigstens die gröbsten von seinem Vater angerichteten Übel zu beseitigen. Doch gegen Ende seines Lebens verfiel er zunehmend der Trunksucht. Den einzigen Glanzpunkt seines Hofes bildete seine verwitwete Schwägerin, eine Wittelsbacher Prinzessin, die noch einmal versuchte, so wie früher die Künste und Wissenschaften zu fördern. Acht Jahre blieben Gastone noch. Da er kinderlos war und auch

sein Bruder keine Nachkommen hinterlassen hatte, mußte er miterleben, wie noch zu seinen Lebzeiten unter den europäischen Mächten der Streit um das toskanische Erbe ausbrach.

In den Uffizien steht die Marmorbüste eines unbekannten Künstlers. Sie zeigt den letzten Medici als einen feisten, verweichlichten Barockfürsten, der auch durch die mächtige Allongeperücke nicht an Ansehen gewinnt. Drei Jahrhunderte, acht Generationen, liegen zwischen ihm und Cosimo dem Älteren, dessen großartiges, eindrucksstarkes Bildnis wir eben hier in den Uffizien schon eingangs beim Beginn unserer Suche nach den Spuren der Medici bewundert haben. Sind es wirklich nur acht Generationen? Eine ganze Welt scheint zwischen diesen beiden Männern zu liegen. Die Geschichte der Medici bildete ein wechselvolles Auf und Ab – man kann zu ihnen stehen, wie immer man mag, letztlich gilt doch das Wort des französischen Schriftstellers Alexander Dumas: „Laßt die Medici in ihren Marmor- und Porphyrsärgen in Frieden ruhen, denn sie taten mehr für den Ruhm der Welt als alle anderen Fürsten oder Kaiser."

Sie haben die Kunstlandschaft vor allem von Florenz geprägt, doch daß ihre in drei Jahrhunten geschaffenen großartigen Sammlungen erhalten blieben, verdankt die Nachwelt der letzten Medici. Anna Maria Luisa, die Schwester Gian Gastones und Gemahlin des pfälzischen Kurfürsten Wilhelm von Neuburg, war nach dem frühen Tode ihres Mannes aus Deutschland nach Florenz zurückgekehrt. Selbst kinderlos, mußte sie in ihrem Bruder das Auslöschen ihrer Familie, den politischen Streit um das Erbe und den Übergang der Herrschaft an das Haus Lothringen-Habsburg miterleben. In vornehmer Zurückhaltung verbrachte sie ihre letzten Lebensjahre schon in der Lothringer Zeit. In ihrem Testament übertrug sie dann dem neuen Großherzog der Toskana „alle Möbel, Effekten und Kostbarkeiten aus dem Nachlaß des durchlauchtigsten Herzogs, meines Bruders, wie auch Ausstellungen, Bilder, Statuen, Bibliotheken, Schmuck und andere Kostbarkeiten, die Reliquiare und ihre Ornamente in der Kapelle ... unter der ausdrücklichen Bedingung, daß von all dem, was zum Schmuck des Staates, zum Nutzen der Allgemeinheit und geeignet ist, das Interesse der Fremden zu erwecken, nichts aus der Hauptstadt und dem Großherzogtum fortgeschafft oder weggenommen werde." Wahrlich, diese Frau hätte es verdient, daß ihr die Stadt gerade heute mit dem Blick auf die Millionen Besucher ein Denkmal setzte!

Noch zu Lebzeiten Gastones hatten 1735 die europäischen Großmächte mit der typischen Willkür absolutistischer Staaten ohne Rücksicht auf die Interessen der einheimischen Bevölkerung einen Vertrag geschlossen, wonach die Toskana nach dem Aussterben der Medici als erledigtes Reichslehen an Kaiser Karl VI. zurückfallen sollte, der wiederum sollte sie an Franz Stephan von Lothringen, den zukünftigen Gemahl seiner Tochter Maria Theresia, übertragen, und dieser mußte dafür wiederum in einer Art Ringtausch sein eigenes angestammtes Herzogtum an den Exkönig von

Polen, Stanislaus Leszczynski, abtreten. Die Bürger des Großherzogtums interessierte eine solche Ausgeburt der Kabinettspolitik wenig. Sie sahen sich verschachert an eine neue, ihnen unbekannte Dynastie.

Am 12. Januar 1737 traten dann die Lothringer oder „Lorena", wie sie die Toskaner nannten, ihre Herrschaft an. Sie dauerte 122 Jahre bis zum 27. April 1859. Schon 1739 schrieb der französische Jurist de Brosses, ein ausgezeichneter Beobachter, während einer Reise durch das Großherzogtum: „Die Toskaner würden zwei Drittel ihres Besitzes hergeben, um die Medici wiederzubekommen, und das letzte Drittel, um die Lothringer los zu werden. Sie hassen sie, wie die Mailänder die Piemonteser hassen. Die Lothringer mißbrauchen sie und, was schlimmer ist, sie verachten sie." An dieser zumindest für die ersten Jahre zutreffenden Beurteilung war der junge lothringische Großherzog Franz Stephan nicht unschuldig. Er hatte Wichtigeres zu tun, als sich um sein heruntergekommenes Großherzogtum zu kümmern, kämpfte auf dem Balkan gegen die Türken und kam erst 1739 mit seiner Gemahlin Maria Theresia nach Florenz. Ganze drei Monate blieb das junge Paar hier und dann das Großherzogtum für immer verließ. Franz von Lothringen wurde hineingezogen in die große Auseinandersetzung um das Erbe seiner Gemahlin und empfing 1745 selbst die deutsche Kaiserkrone. Die Verwaltung der Toskana überließ er in den folgenden zwei Jahrzehnten bis zu seinem Tode 1765 seinen Beamten. Die Tatsache, daß nicht nur Geld für die Kriege Maria Theresias aus dem Land herausgepreßt, sondern auch Soldaten geholt wurden, die in der österreichischen Armee gegen Preußen kämpfen mußten, erhöhte keineswegs die Sympathien der Toskaner für ihren fernen Souverän.

Das änderte sich mit dem Regierungsantritt Peter Leopolds, Pietro Leopoldo, wie er in der Toskana hieß. Während sein älterer Bruder Joseph II. als deutscher Kaiser dem Vater auf den Thron folgte und in den österreichischen Erblanden gemeinsam mit der Mutter regierte, erhielt er für sich und seine Nachkommen das Großherzogtum Toskana. Ein gutes Erbe war das gewiß nicht.

Doch während er eifrig und arbeitsam um die Zukunft des Landes besorgt war, kümmerte sich das Volk nur um die Gegenwart, viele sinnvolle Maßnahmen wurden als lästig empfunden oder abgelehnt. Heftiger Widerstand entzündete sich vor allem am Vorgehen gegen die Stellung der Kirche im Staate. Peter Leopold war in seinen Reformmaßnahmen noch konsequenter als sein Bruder Joseph II. in Österreich. Er ließ Klöster auflösen, Ordensangehörige über die Grenzen abschieben, aber auch rigoros Wallfahrten und Reliqienkulte verbieten. Das mußte zu Unzufriedenheit unter der Bevölkerung führen, die vom Klerus noch gefördert wurde. Und als 1790 überraschend Joseph II. starb und Leopold als sein Nachfolger nach Wien gerufen wurde, kam es sogleich zu Unruhen im Lande, die erst durch einen Einsatz österreichischer Truppen eingedämmt werden konnten.

Nachfolger des zum Kaiser gewählten Großherzogs wurde nun sein zweiter Sohn, der als Ferdinand III. 1791 den Thron in der Toskana bestieg. Er war 1769 in Florenz geboren und dort aufgewachsen, im Gegensatz zu dem fast krankhaft mißtrauischen Vater ein freundlicher, offener junger Mann, der zu einem Zeitpunkt die Regierung antrat, als die Französische Revolution schon ihre Schatten über Europa warf. So waren auch die ersten neun Jahre seiner Regierung gekennzeichnet von dem Bemühen, die Toskana möglichst aus den zunehmenden politischen Spannungen herauszuhalten, aber mit dem Aufstieg Napoleons wurde seine Situation immer schwieriger. 1799 rückten die Franzosen auch in Florenz

ein, und schon am nächsten Tag mußte Ferdinand sein Großherzogtum verlassen und durfte erst 1814 nach dem Sturz Napoleons wieder in die Toskana zurückkehren. Gerade ein Jahrzehnt blieb ihm hier noch, eine Zeit, in der sich auch in der Toskana schon das italienische Nationalgefühl verstärkt bemerkbar zu machen begann.

Mit seinem Sohn und Nachfolger Leopold II. kam 1824 der letzte souveräne Großherzog der Toskana zur Regierung. Fünfunddreißig Jahre waren ihm hier noch vergönnt, eine anfangs gute, dann zunehmend unglückliche Regierungszeit. Noch vermochte er die Meliorationen in der Maremma voranzutreiben und die Wirtschaft zu fördern, aber nachdem es schon 1830 als Folge der Julirevolution zu kleineren Aufständen im Lande gekommen war, wirkten sich die Ereignisse von 1848/49 um so heftiger aus, und Leopold mußte dem Großherzogtum schließlich eine Verfassung gewähren. Dann aber flüchtete er aus dem Lande und konnte erst unter dem Schutz österreichischer Interventionstruppen wieder zurückkehren. Diese Besatzung, die bis 1855 hier verblieb, kostete den Großherzog vollends die Sympathie in der Bevölkerung. Die nationalen Ideen setzten sich mehr und mehr durch, Leopold erkannte, daß die Lage für ihn unhaltbar geworden war, und dankte am 21. Juli 1859 zugunsten seines Sohnes ab!

Der vierundzwanzigjährige Ferdinand IV. konnte seine Regierung nicht mehr antreten, da eine Nationalversammlung in Florenz die Absetzung der Dynastie beschloß. 1860 entschied sich eine ungeheure Mehrheit in einer Volksabstimmung für den Anschluß der Toskana an die Monarchie Viktor Emanuels II. von Piemont – von der Mutter her ein Enkel Großherzog Ferdinands. Ein Jahr später hielt dieser seinen Einzug in Florenz und nahm hier den Titel eines Königs von Italien an. 1865 wurde Florenz die erste Hauptstadt des neuen italienischen Königreiches.

Kavaliere, Künstler, Literaten –
Auf den Spuren der Reisenden

Rom war das große Ziel fast aller Italienreisenden. Florenz und die Toskana waren nur Stationen auf dem Wege nach Süden oder bei der Rückkehr in die Heimat. Die Bücher über Rom und die Campagna sind Legion, die Dichter schwärmten von der Ewigen Stadt, die Maler haben versucht, ihren Zauber in zahllosen Skizzen und Bildern einzufangen, und ihre Briefe und Tagebuchnotizen klingen begeistert. Wie bescheiden nehmen sich daneben die Aussagen über Florenz und die Städte der Toskana aus! Fast möchte man einen Satz aus einem Brief Goethes an die Freunde in Weimar als Motto über dieses Kapitel stellen: „Über das Tiroler Gebirg bin ich gleichsam weggeflogen, Verona, Vicenza, Padua, Venedig habe ich gut, Ferrara, Cento, Bologna flüchtig und Florenz kaum gesehn. Die Begierde, nach Rom zu kommen, war so groß, wuchs so sehr mit jedem Augenblicke, daß kein Bleibens mehr war und ich mich nur drei Stunden in Florenz aufhielt."

Aber letztlich ist das doch eine Ausnahme. Sicher sind die Aussagen der Reisenden über die Toskana aus den letzten vier Jahrhunderten nicht so bedeutsam und spektakulär wie die Berichte über Rom. Aber gerade weil die Toskana ein Durchzugsland war, das viele Reisende auf ihrem Weg nach Rom besuchten, sind ihre Spuren doch recht zahlreich, und wenn man nur richtig sucht, wird man schon einige Perlen entdecken.

Zu ihnen gehört als eine der ältesten Nachrichten das „Tagebuch einer Reise" des Herrn Michel de Montaigne (1533-1592), seines Zeichens Bibliothekar des französischen Königs. Er war 1580/81 nach Italien gereist, um in den Bädern Heilung von einem Gallensteinleiden zu finden, hatte auch Rom besucht, um dort mit den päpstlichen Zensurbehörden zu verhandeln. Zum ersten Mal überhaupt werden in seinem Werk der Alltag und der Badebetrieb in Lucca beschrieben. So ist sein Bericht gleichermaßen kulturhistorisch interessant wie als Zeitbild auch amüsant, könnte aber eigentlich an jedem anderen Badeort spielen. Ein Bild der italienischen Verhältnisse, insbesondere des Volkslebens in Florenz, bietet er erst bei der ebenfalls sehr lebendigen Beschreibung eines Ausflugs von Lucca nach Florenz und in andere Orte der Toskana.

Montaigne blieb eine Ausnahme. Zwar setzten im ausgehenden 17. und 18. Jahrhundert die „Kavalierstouren" ein, und Italien wurde zum bevorzugten Reiseland der jungen Adligen aus West- und Mitteleuropa. Dabei besuchten die Herrchen mit ihren Hofmeistern und dem Dienertroß zwar meistens auch Florenz und vermerkten diese Pflichtübung getreulich in Briefen und Tagebuchaufzeichnungen. Die herrliche Lage der Stadt, ihre Villen und die Gärten der Umgebung beeindruckten sie, vor allem natürlich die Kunstsammlungen der Großherzöge, die niemand zu loben versäumte. Dementsprechend überlaufen war Florenz, und mancher Reisende klagte damals schon über die große Zahl der Touristen, denen man allenthalben begegnete.

Manchmal wurde ein Gelehrter, etwa der Franzose Balthasar de Moncony, etwas ausführlicher, die besten Nachrichten aus dieser Zeit stammen wohl von Charles de Brosses (1709-1777), dem Präsidenten des Obergerichts von Dijon. Die Briefe, die er von seiner Italienreise 1739/40 an seine Freunde schrieb, wurden schon 1799 erstmals veröffentlicht und viel gelesen. Brosses war ein guter Beobachter und ausgezeichneter Stilist. Er setzte sich kenntnisreich mit der bildenden Kunst seiner Zeit auseinander, aber von den fast sechzig Briefen seiner Reise sind nur fünf der Toskana gewidmet. Florenz sagte ihm nicht so recht zu, er mäkelte etwas herum, lobte zwar die Medici wegen ihres Kunstsinns, kritisierte aber die Paläste, fand die Gasthöfe scheußlich und ärgerte sich über die vermaledeiten Schnaken. Luccas Lage dagegen fand er „putzig", Pisa „entzückend gelegen", Livorno vor allem hatte es ihm angetan: „Denken sie sich ein Städtchen in Taschenformat, ganz neu und niedlich, um es geradewegs in die Tabaksdose zu stecken, so haben sie Livorno!" Auch Siena wurde wegen seiner liebenswürdigen Gesellschaft gelobt, aber alles in allem gehören die toskanischen Briefe nicht zu den Glanzpunkten seines Werkes.

Zur gleichen Zeit wie der Präsident de Brosses bereiste auch Johann Caspar Goethe (1710-82) Italien und kam auf der Rückreise im Mai 1740 durch die Toskana, wobei er in umgekehrter Richtung den gleichen Weg wählte wie de Brosses, und wenn seine Notizen auch noch dürftiger sind, so zeugen sie doch von guter Beobachtungsgabe. Auch er war entzückt von Livorno, dem er in seinen Aufzeichnungen mehr Platz einräumte als Pisa. Florenz zollte er den nötigen Tribut in Maßen: „Ich muß berichten, daß Florenz zwar einst den Beinamen ‚die Schöne' erhalten hat, meiner Meinung nach die Berühmtheit aber eher diesen Lobreden als der tatsächlichen Schönheit verdankt; die Stadt ist nämlich keineswegs außergewöhnlich schön. Ich will jedoch Florenz seine diesbezüglichen Verdienste nicht ganz absprechen, da es mit gutem Grund zu den schönsten Städten Italiens gezählt wird." Er lobte die Kunstwerke und erinnerte sich nicht nur an Boccaccio, sondern auch an Amerigo Vespucci, dem Amerika seinen Namen verdankt.

Sein großer Sohn Johann Wolfgang zeigte sich, wie eingangs gesagt, während seiner Italienreise an Florenz und der Toskana wenig interessiert. Das spiegelt sich übrigens auch deutlich in der von ihm vor und nach der Reise benutzten Literatur. Johann Gottfried Herder (1744-1803), der 1788/89 den Spuren seines Freundes Goethe folgte, absolvierte wenigstens in einigen Tagen den obligaten Pflichtaufenthalt in Florenz. Anders dagegen Ernst Moritz Arndt (1769-1860), der erstmals als Dreißigjähriger 1798/99 Oberitalien bereiste. Er kam im Oktober 1789 über Ferrara und Bologna nach Florenz, wo er sich mehrere Wochen aufhielt, und erwies sich hier als ein guter, kritischer Beobachter, aber sein ausführlicher Reisebericht, der von den Zeitgenossen wohlwollend aufgenommen wurde, hält sich bei Florenz in den herkömmlichen Grenzen. Er gibt eine für uns ungewohnte Schilderung des Florentiner Karnevals, doppelt reizvoll, weil der berühmte venezianische Karneval ein Jahr zuvor auf Befehl Napoleons verboten worden war und wegen der französischen Besatzung und der angespannten politischen Lage auch in Rom keiner mehr gefeiert wurde. So wollte es der Zufall, daß Florenz die alte, dort schon im 15. Jahrhundert vor Venedig begonnene Tradition allein aufrechterhielt. Arndts Schilderung ähnelt der Beschreibung, die Goethe zehn Jahre zuvor vom römischen Karneval gab und die das unverkennbare Vorbild für ihn ist.

Im 19. Jahrhundert ändert sich das Verhältnis der Reisenden zur Toskana. Sie ist nicht mehr allein Durchzugsland, das Interesse beschränkt sich nicht mehr nur auf die Kunstsammlungen in Florenz, vielmehr lernt man auch die Schönheiten der Landschaft, die abgelegenen Orte kennen und lieben. Die Beschreibung etwa, die der Schotte Joseph Forsyth (1763-1815) in seinem 1813 erschienenen Reiseführer von dem Kloster La Verna gab, läßt aufhorchen, weil sich hier eine neue Betrachtungsweise ankündigt: „Hier regiert das furchterregende Antlitz der Natur: ein felsiger Berg, eine Ruine aus zertrümmerten, zerfetzten und aufeinandergetürmten Elementen in erhabener Konfusion; Abgründe, in der Höhe von uralten, dunklen, albtraumhaften Büschen gekrönt; schwarze Felsspalten, vor denen die Neugier bei dem Gedanken allein, sich darüber zu beugen zurückschauderte; unheimliche Höhlen, denen die wunderbaren Kreuze erneut Heiligkeit verleihen …"

1802 kam der große Wanderer Johann Gottfried Seume (1763-1810) auf dem Rückweg von seinem „Spaziergang nach Syrakus" durch die Toskana, weiß aber nur auf wenigen Seiten darüber zu berichten. Elisa von der Recke (1756-1833) und Ludwig Tieck (1773-1853), die 1804 bzw. 1805 durch die Toskana nach Rom reisten, schildern ihre Empfindungen beim ersten Anblick der Stadt, die eine in ihrem Tagebuch, der andere in einem Gedicht:

„Endlich den letzten Hügel hinauf,
Und unter mir
Das weite, blühende Tal,
Rings die Gebirge,
Die herrliche Stadt
Im Glanz der scheidenden Sonne.
Das Abendrot erglänzt
Im vielfachen Purpur
An den Felsen, und die Gebäude
Brennen im Strahl,
Und hundert Villen
Erglänzen fern und ferner.

Der Himmel spielt mit Grün und Blau,
Und hüpfende Lichter
Lachen auf dem Strom.
Süße Dämmerung
Tritt aus dem Äther
Die Welt umfassend,
Und in schweigender Rührung
Empfängt uns die dunkelnde Stadt."

Es fällt auf, daß nur ein kleiner Teil der deutschen Reisenden den Weg von Bologna über den Apennin wählte, andere kamen auf der alten Frankenstraße, die auch von einem Teil der britischen und französischen Reisenden gewählt wurde. Wieder andere reisten mit dem Schiff bis Livorno, das auch eine wichtige Zwischenstation für die Landreisenden bildete. Der Weg ging dann über Pisa, dessen Besuch kaum ein Reisender versäumte, und weiter nach Lucca.

Bei Lucca denkt man unwillkürlich an Heinrich Heine und seine „Reisebilder" mit den beiden Kapiteln „Die Bäder von Lucca" und „Lucca". Wer sie gelesen hat, erinnert sich, daß sie mit einer Reiseschilderung nur wenig gemeinsam haben. Heine hatte 1828 als Einunddreißigjähriger für kurze Zeit die Bäder besucht und seine Eindrücke in ein paar Impressionen festgehalten. Nun schreibt er aber: „Es gibt nichts Langweiligeres auf dieser Erde als die Lektüre einer italienischen Reisebeschreibung – außer etwa das Schreiben derselben – und nur dadurch kann der Verfasser sie einigermaßen erträglich machen, daß er von Italien selbst so wenig als möglich redet." An diese selbst aufgestellte Maxime hält sich der Dichter, indem er überwiegend nur von Menschen berichtet, genauer gesagt, seinen ätzenden Spott über sie ausgießt. Dazwischen lassen einige Stellen erahnen, was aus einer Reiseschilderung hätte werden können. Mehr Verständnis und Gefühl für die Schönheiten der Städte Lucca und Florenz spricht aus Briefen, die Heine von hier aus in die Heimat sandte.

Auch bei den Angelsachsen wurde im 19. Jahrhundert die Toskana als Reiseland immer beliebter. Der amerikanische Professor und Dichter Henry Wadsworth Longfellow (1807-1882) besuchte Florenz 1828 und legte einen Teil des Weges durch die Toskana nach Rom zu Fuß zurück, Byrons „Childe Harold's pilgrimage" in der Tasche, um die Orte zu sehen, „von denen ich so oft gelesen, die ich aber nie gesehen hatte". Das allerdings war sehr enthusiastisch; denn einen guten Reiseführer gab der „Harold" nicht gerade ab. Lord Byron (1788-1824) hatte sein episches Gedicht von Junker Harolds Pilgerfahrt 1809 während seines ersten Aufenthalts auf dem Kontinent begonnen und in den ersten beidcn Gesängen viele persönliche Eindrücke aus Portugal, Spanien und Griechenland verarbeitet, der vierte Gesang dagegen, den er erst 1818 vollendete und der Städte und Kulturen Italiens beschwört, bleibt feierlich-steif. Ein knappes Dutzend Strophen sind Florenz gewidmet, mehr kritisch mäkelnd als lobend oder gar farbig beschreibend.

1844 kam der englische Dichter Charles Dickens (1812-1870) nach Italien, reiste von Genua aus südwärts, besuchte Carrara und traf bei Nacht in Pisa ein, wo ihn der Schiefe Turm besonders beschäftigte. So stimmungsvoll seine Beschreibung des dortigen Camposanto ist, so summarisch und langweilig sind dann die wenigen Zeilen über Siena. Nach Florenz gelangte er erst auf dem Rückweg von Rom. Die Beschreibung der Stadt ist ein würdiger Abschluß seines Reiseberichts und ein poetisches Loblied auf die Stadt, das mit den Worten schließt: „Laßt uns auf Florenz zurückblicken, so lange es uns·möglich ist, und wenn wir seine Kuppel nicht mehr schimmern sehen, mit einem lebhaften Erinnern seines Glanzes durch die heitere Toskana reisen; denn Italien wird durch diese Erinnerung nur umso schöner."

Der amerikanische Erzähler Mark Twain (1835-1910) besuchte 1867 während einer der damals schon üblichen Gruppenreisen durch Italien auch Pisa, Pistoia und Florenz, aber hier reicht es kaum für ein paar ironische Bemerkungen: „Pistoia erweckte nur ein flüchtiges Interesse. Florenz erfreute uns eine zeitlang ...", und vom Arno bemerkte er nur: „Er wäre ein recht überzeugender Fluß, wenn man etwas Wasser hinein pumpen würde". Nicht viel ausführlicher berichtete er über Pisa, wo ihn der Schiefe Turm beeindruckte, wie alle Touristen, die hinaufkletterten: „Wenn man ganz oben steht und an der hohen Seite hinabschaut, ist einem nicht so ganz wohl; aber wenn man auf der anderen Seite auf dem Bauch an den

Rand kriecht und versucht, den Hals weit genug auszustrecken, um den Fuß des Turmes zu sehen, bekommt man eine Gänsehaut ...". Nur den Dom rechnet er zu den schönsten Kirchenbauten Europas.

Ganz anders zwei Jahre später sein Landsmann Henry James (1843-1916). Wie nur wenige, ließ er den Zauber der Toskana auf sich wirken, und seine Reiseberichte, die er für das Magazin „The Atlantic Monthly" schrieb und die dann später in den – leider nicht ins Deutsche übersetzten – „Transatlantic Scetches" gesammelt erschienen, sind Liebeserklärungen an das Land von seltener Frische und Farbe. So gehört „The Autumn in Florence" zum Schönsten, was über die Stadt geschrieben wurde, weil es realistische Schilderung und romantisch angehauchte Schwärmerei auf glückliche Weise vereint, wie nur ein paar Sätze über die alten Häuser von Florenz belegen mögen: „Sie sind ernst, ja oft grimmig, und sie sehen bisweilen aus, als ob sie eher beabsichtigten, Besucher abzuhalten als sie einzulassen; doch ich kenne keine Bauten, die mehr häusliche Würde und Sicherheit mit weniger aufdringlicher und grundloser Anmaßung verbänden. Sie sind eindrucksvoll schön, und doch bringen sie es fertig, mit dem geringsten Aufwand an Mitteln schön zu sein ... Ich fürchte allerdings, daß sich in der Tiefe dieser strengblickenden alten Häuser viel düstere Unbequemlichkeit verbirgt, und ich spreche jetzt einfach von dem strengen Blick der Fassaden, wie man sie von der Straße aus gewahrt; man sehe sie nur Wange an Wange ragen im grauen ehrwürdigen Licht." Aber nicht nur Florenz, auch Siena, Pisa, Lucca oder Pistoia hat er einfühlend erfaßt.

Auch verschiedene französische Reisende suchten das Erlebnis der Toskana im 19. Jahrhundert literarisch zu erfassen. Henri Beyle Stendhal (1783-1842) und Hippolyte Taine (1828-1893) gehören wohl zu den bekanntesten. Stendhal nannte seinen 1817 erschienenen ersten Reisebericht „Rome, Naples et Florence". Gute Beobachtungen, Anleihen aus anderen Reisewerken und freie Fabuliererein mischen sich hier zu einer bunten Einheit. Besonders reizvoll ist in seinem Werk eine Analyse des toskanischen Charakters. Der Historiker Taine räumte der Beschreibung von Siena, Pisa und Florenz einen breiten Raum in seiner „Voyage en Italie" (1866) ein und widmete vor allem der florentinischen Malerei einen eigenen Abschnitt, der in der Verbindung von Reisebeschreibung und geistvoller kunstgeschichtlicher Analyse auch heute noch uneingeschränkt lesenswert, nur leider viel zuwenig bekannt ist.

Erstaunlicherweise sind bei der doch ständig wachsenden Zahl der Italienreisenden im 19. Jahrhundert die Reiseberichte und -schilderungen aus der Toskana gar nicht so zahlreich. Ein paar Frauen sind darunter, wie etwa Fanny Mendelssohn (1805-1847) oder Fanny Lewald (1811-1889), die in ihrem „Italienischen Bilderbuch" Florenz einen breiteren Platz einräumt und gute und vor allem sehr frische Augenblicksbilder bietet. Es lohnt sich schon, einmal ihre bissige Beschreibung englischer Ladys in den Galerien von Florenz zu lesen!

Natürlich dürfen wir Ferdinand Gregorovius (1821-1891) und den Schweizer Jacob Burckhardt (1818-1897) nicht vergessen. In „Wanderjahre in Italien" von Gregorovius nehmen sich allerdings die vier Kapitel über die öffentlichen Monumente in Florenz, über S. Marco, die Insel Elba und über toskanische Melodien im Verhältnis zur Fülle des sonst dort Gebotenen doch recht bescheiden aus, zeigt sich wieder einmal die starke Gewichtung Roms. Doch was wäre Geschichte und Kunstgeschichte von Florenz und anderen Städten der Toskana ohne Jacob Burckhards „Cicerone" und seine „Kultur der Renaissance in Italien"? Er hat mit diesen Werken nicht nur der modernen Kunst-

geschichte den Weg gewiesen, sondern mit der „Renaissance" auch ein Buch geschaffen, das heute noch zur Pflichtlektüre jedes Toskana-Reisenden gehören sollte.

Eine Sonderstellung nimmt Isolde Kurz (1853-1944) ein. Im Alter von vierundzwanzig Jahren kam sie 1877 nach Florenz und lebte mit der Mutter und den Brüdern dort bis 1913. Sie lernte große Künstler wie A. v. Hildebrand und H. v. Marées kennen, beschäftigte sich intensiv mit Kunst und Kultur der Toskana. Subjektivster Ausdruck ihres Italienerlebnisses, das auch ihr eigenes schriftstellerisches Schaffen prägte, sind die „Florentiner Erinnerungen" von 1910. Florenz und seine Geschichte erleben wir dann auch in „Die Stadt des Lebens" mit den „Schilderungen aus der Florentinischen Renaissance", wie sie die fünf historischen Essays aus dem Umfeld der Mediceer nennt, und in ihren „Florentiner Novellen", die zwar C. F. Meyers Novellenkunst nicht erreichen, aber sie in ihrer Art doch glücklich ergänzen; denn der Schweizer hatte ja Florenz nie zum Schauplatz seiner Erzählungen gewählt. Und wenn es auch meist etwas düstere Bilder sind, die sie da malt, so ist das Florenz der Renaissance doch in satten Farben erfaßt.

Über den Literaten darf man die Maler und Bildhauer nicht vergessen, für die Florenz vor allem Mekka und Eldorado zugleich war. Die wenigsten allerdings hielten sich hier länger auf, wie etwa Anselm Feuerbach, der auf dem Wege nach Rom 1856 fünf Monate in Florenz blieb. Stellvertretend für sie mag hier der Maler und Zeichner Adrian Ludwig Richter (1803-1884) zu Worte kommen, der 1823 auf dem Wege nach Rom die Toskana durchquerte und darüber in seinen „Lebenserinnerungen eines deutschen Malers" berichtete. Auch bei ihm sind es nur wenige Seiten, doch schildert er besonders köstlich seine ersten Eindrücke von Florenz: „Der letzte Tagemarsch bis Florenz wurde mir recht schwer, und ich kam, von Hitze, Staub und der Langweiligkeit des einsamen Wanderns recht erschöpft, an das Tor, wo der Paß vorgezeigt werden mußte. Der Torschreiber fand sich nicht in den Deutsch geschriebenen Paß, und nachdem er denselben nach allen Seiten gedreht und betrachtet und den Kopf bedenklich geschüttelt hatte, ließ er endlich seinen Redestrom auf mich los. Ich konnte dem nichts entgegensetzen, weil ich kein Wort davon verstand. Zum Glück wegelagerte ein Cicerone in der Nähe, welcher etwas französisch sprach, und jetzt zwischen uns den Vermittler und Dolmetsch machte und die Wißbegierde des Torschreibers befriedigen konnte.

Bei diesem Retter in der Not erkundigte ich mich nun nach einer guten und billigen Locanda, wobei ich es um meines schwachen Geldbeutels willen auf letztere Eigenschaft besonders abgesehen hatte. Er nannte mir eine solche, bat mich, die Straße hinaufzugehen, er werde gleich selbst nachkommen und mir die Herberge zeigen, da er selbst in der Nähe wohne. Der Mann hatte ein widerlich zudringliches Wesen, grinsend freundliches Gesicht und sah außerdem höchst schmierig aus. Er hatte heute vergeblich am Tor auf noble forestieri gelauert und nahm deshalb schließlich mit dem armen pittore tedesco vorlieb, sich mit dem Sprichwort tröstend: In der Not frißt der Teufel Fliegen.

So lenkten wir denn aus der Hauptstraße in einige kleine schmutzige Gäßchen und landeten zuletzt vor einer Locanda e Osteria in einem engen Hofe. Mein Virgil sagte mir noch schnell, ich würde hier brave Leute finden. Er wohne mit seiner Tochter ,una bella ragazza', gegenüber. Auch habe vor kurzem ein pittore francese hier lange gewohnt und mit seiner Tochter des Abends Gitarre gespielt und gesungen, und sie seien überaus vergnügt gewesen. Er empfahl sich auf Wiedersehen

und schlüpfte in seine Haustür, während ich, plötzlich bedenklich geworden, in meine schwarze Spelunke eintrat. Ein entsetzliches Loch!"

Von Richter hören wir auch einiges von der kleinen deutschen Künstlerkolonie in der Stadt, die sich natürlich keineswegs mit der großen römischen Gemeinde messen konnte.

Ob Touristen, Schriftsteller, Maler, sie alle interessierten sich für die Schätze der Antike und der Renaissance, für die Spuren der Etrusker hatten nur wenige ein Auge, so etwa Julius Ambrosch, der während seiner „Italienischen Reise" 1829 bis 1833 mit Hilfe einiger einheimischer Altertumsfreunde in Chiusi ein etruskisches Grab besuchte und davon in seinem Reisebericht erzählt: „Im Geleite einiger Arbeiter, die teils mit Lampen, teils mit brennenden Holzscheiten versehen waren, drangen wir nun allmählich in die Behausungen vor. Schon bald nach dem Eintritt zeigte uns die große Regelmäßigkeit der Anlage, daß hier wohl nicht an eine Freistatt der ersten italienischen Christen zu denken sei. Wir bemerkten keine bedeutenden Abweichungen in der Richtung und den Dimensionen der Gänge, keine Spur, daß diese Räume – etwa wie die ältesten Katakomben Roms – aus alten Ton- oder Steingruben entstanden waren; sondern die lange Hauptgasse zog sich, beinahe schnurgerade und überall gleich hoch und breit, tief in den Hügel hinein, und nahm sodann eine andere, nicht weniger regelmäßige in sich auf, deren Ausgang man noch nicht erreicht hatte."

Die Zahl der archäologischen Werke über die Etrusker ist groß, aber es gibt nur wenig wirklich beachtenswerte Reisebücher von bleibendem Wert. Erstaunlicherweise steht dabei immer noch das erste und älteste an der Spitze und ist in seiner Art bis heute nicht übertroffen. Es sind die „Städte und Begräbnisplätze Etruriens" von George Dennis aus dem Jahre 1848, in der deutschen

Übersetzung von 1852. Der Autor wurde 1814 in London geboren. Schon als junger Mann bereiste er Südspanien und veröffentlichte darüber einen romantisch angehauchten Reisebericht. Von 1842 bis 1847 durchwanderte er mehrfach die Toskana und Latium und lernte dabei die Kultur der Etrusker kennen, für die man sich damals erst allmählich zu interessieren begann. Schon ein Jahr später schrieb er das erwähnte Buch, das die Qualitäten eines für die damaligen Verhältnisse sehr exakten Reiseführers, eines lebendigen Erlebnisberichts und eines archäologischen Fachwerkes in sich vereinigte. Es folgten Reisen nach Sizilien, Tätigkeit als englischer Vizekonsul in Bengasi, Smyrna und auf Kreta, danach ab 1870 neun Jahre als Konsul in Palermo. Noch einmal kehrte er von 1875-78 in die Toskana zurück, um eine zweite Auflage seines Etruskerbuches vorzubereiten. Als Fünfundsechzigjähriger wurde er nochmals britischer Konsul in Smyrna, erst 1888 schied er aus dem diplomatischen Dienst aus und verbrachte die letzten zehn Jahre bis zu seinem Tode 1898 in London.

Sein Werk erfuhr zahlreiche Neuausgaben und Übersetzungen. Nach wie vor wirkt die erste Ausgabe durch ihre Unmittelbarkeit und künstlerische Geschlossenheit. Mögen den Nichtfachmann heute die zahlreichen, mit größter Genauigkeit aufgezeichneten Einzelheiten auch etwas langweilen, so sind sie für den Kenner doch wiederum bewundernswert. In einfacher, klarer Sprache vermittelte er auf verständliche Weise Wissen und verstand es nebenbei noch, ein etwas versnobtes britisches Publikum, das dem Trott der Kavaliersreisen verhaftet war, für die Archäologie zu interessieren. Eine kleine Probe aus dem Bericht über Ansedonia (Cosa) am Südende der Toskana mag das bestätigen: „Es ist ein steiler Aufgang von einer Meile oder etwas mehr nach den Mauern von Cosa. Aus dem ganzen Wege kann man den alten Weg bis zum Tore nachweisen, der den felsigen Abhang in gerader Linie hinaufläuft; es ist nur ein durch Kerbsteine bezeichnetes Geripp, denn die inneren Blöcke sind an wenigen Stellen übrig ... Wer die sogenannten zyklopischen Städte in Latium und Sabina, in Griechenland und Kleinasien nicht gesehen hat, jene Wunder der frühen Kunst ... wird beim ersten Anblick der Mauern von Cosa in Erstaunen geraten. Ja selbst wer diesem Stil von Mauerwerk kein Fremdling ist, wird darüber erstaunen, ihn an dieser Stelle zu sehen. Er wird in diesen Mauern ungeheure Blöcke schauen, von unregelmäßig polygonaler Form, nicht mit Mörtel aneinander gebunden, doch so bewundernswürdig hübsch aneinander gepaßt, daß die Fugen bloße Linien sind, zwischen welche ein Federmesser hineinzustecken man oft vergeblich versuchen würde ... Innerhalb der Stadt ist alles Ruine – ein Chaos von sich zerkrümelnden Mauern, umgestürztem Mauerwerk, umhergestürzten Massen von nacktem Felsen und unterirdischen Gewölben, ‚wo die Eule schreit, weil sie glaubt es sei Mitternacht' – alles von Gebüschen und kriechenden Pflanzen und Akanthus in überreicher Menge überwuchert. Dem Volksglauben ist es zu verzeihen, daß er diesen Ort für den Aufenthaltsort von Dämonen hält, denn jahrhundertelang war er ein Schlupfwinkel für Banditen und Gesetzlose, und die Sage, die durch die natürliche Unheimlichkeit des Ortes aufrecht erhalten wird, hat auf diese Art, wie es scheint, die Erinnerung an ihre gräßlichen Verbrechen erhalten."

Achtzig Jahre nach Dennis bereiste sein Landsmann David Herbert Lawrence (1885-1930) 1927 Etrurien. Er hatte gerade das Manuskript seiner berühmten „Lady Chatterley" vollendet und widmete sich unbeschwert der Begegnung mit einigen Zentren Etruriens, darunter auch mit dem toskanischen Volterra. Als Frucht dieser Begegnung entstanden kurz danach seine „Etruscan Places". Es ist kein archäologisches Werk, wohl aber das gelungene literarische Ergebnis des „Ferienausflugs eines zu den Reliquien jener entlegenen Vergangenheit pilgernden Dichters", wie es sein Biograph und Schriftstellerkollege Richard Aldington nennt, eine auch heute lesenswerte Schilderung.

Die letzten fünfzig Jahre haben eine Reihe besserer deutscher Schilderungen und Bücher aus der Toskana gebracht als früher. Da ist Kasimir Edschmid (d. i. Eduard Schmid, 1890-1966), der Expressionist und Weltenbummler, der als Frucht ausgedehnter Reisen durch Italien zwischen 1933 und 1943 ein fünfbändiges Werk schrieb, das dann in den fünfziger Jahren noch einmal in einer dreibändigen Ausgabe erschien und in dem er der Toskana einen breiten Platz einräumte. Es ist kein geschlossenes Bild, das er hier schuf, das wollte er gar nicht, das läßt sein Stil nicht zu. Vielmehr sind es Einzelbilder voll Farbe, sprühendem Intellekt und voller Liebe zur Geschichte.

Da ist Josef Hofmiller (1872-1933), der große oberbayerische Essayist, dessen „Pilgerfahrten" ihn Anfang der dreißiger Jahre nicht nur zu süddeutschen Orten führten, sondern auch nach San Gimignano, in einer Zeit also, als er noch von der „stillen, nur dreimal wöchentlich durch den Schnellzug von Florenz nach Rom belebten Strecke Empoli-Chiusi nach Siena" sprechen konnte. Seine Beschreibung von San Gimignano weitet sich zu einer Liebeserklärung eines ungemein kunstsinnigen Menschen an eine Stadt, dem Schönsten wohl, was über dieses Fleckchen Toskana geschrieben wurde. Da ist der ihm wesensverwandte badisch-schweizerische Arzt und Dichter Max Picard (1888-1965), der 1949/50 ein Jahr in Italien unterwegs war, zu einer Zeit also, als es unmittelbar nach dem Zweiten Weltkrieg noch wenige Touristen gab, und der 1951 unter dem kennzeichnenden Titel „Zerstörte und unzerstörbare Welt" ein ungemein gehaltvolles Büchlein

schrieb, von dem Wilhelm Hausenstein sagte: „Man wird kaum schöneres, kaum wahreres über Giotto, Botticelli, Raffael gelesen haben, als man es in diesem Buch findet". Es ist gewissermaßen ein Schwanengesang auf eine Toskana, wie sie es heute im Zeitalter des Massentourismus nicht mehr gibt. Da sind Franz Tumler (geb. 1912), der Südtiroler Erzähler mit seinem Essay über Volterra von 1962, und Otto Rombach (1904-1984), der bekannte schwäbische Erzähler, der in seiner „Italienischen Reise" der Toskana nur ein kleines Kapitel gewidmet, damit aber eine Lücke geschlossen hat; denn für die Marmorbrüche von Carrara, die er 1967 beschrieb, hatte sich bisher kaum ein Reisender interessiert.

Da ist Eckart Peterich (1900-1968), der Bildhauersohn, der zwischen Deutschland und Italien, zwischen Künstleratelier und Landschaft, zwischen Dante und Goethe aufgewachsen war, der als Dichter, Kunst- und Naturwissenschaftler ein Gespür für die Historie hatte und der ein großes dreibändiges, von einem christlichen Humanismus geprägtes Reisewerk über Italien schrieb. Man muß nur einmal die wenigen Seiten über den Camposanto in Pisa und die Querverbindung zu Goethe lesen, dann wird sich einem dieser Ort in neuen Dimensionen erschließen, aber das ist nur ein Beispiel, das sich beliebig durch andere, wie etwa die Analyse der Ghirlandaio-Fresken in S. Maria Novella, die Beschreibung der toskanischen Landschaft und manches andere mehr, ergänzen läßt.

Da ist der Maler, Humanist und Dichter Richard Seewald, der 1960 sein „Toskanisches Hügelbuch" schrieb und zeichnete. Es ist eine in Wort und Bild gleichermaßen beeindruckende Schilderung der toskanischen Landschaft, deren Wesen Seewald in seine klaren Strichzeichnungen überträgt.

Und schließlich gehört auch Humbert Fink (geb. 1933) hierher, der in seinem Buch „Begeg-

Blick auf den Domplatz von Arezzo. Federzeichnung (1960) von Richard Seewald

nung mit Florenz" die Arno-Stadt zu erfassen und geistvoll zu analysieren sucht.

Wer heute zwischen den zahlreichen Touristen in Florenz, in Siena oder in Pisa verzweifelt nach einem ruhigen Platz sucht, an dem er die Stadt oder ein Kunstwerk in der Stille genießen kann, sollte nie vergessen, daß es noch eine andere Art der Begegnung und des Reisens gibt, eine Reise in die Vergangenheit, eine Begegnung mit den Menschen in der Toskana in früherer Zeit, vor allem in der Blütezeit der Renaissance.

Es ist die literarische Reise zusammen mit den Erzählern, an denen das Land fast ebenso reich war wie an Malern oder Bildhauern. Sie sind gute Führer, kenntnisreich und welterfahren, sie stellen uns ihre Freunde und Feinde vor, Künstler, Gelehrte, Ordensleute, listige Narren, bornierte und selbstgefällige, aber auch fromme und gläubige Geistliche, ihre Geschichten und Berichte spiegeln ihre Zeit und Umwelt und sind zugleich auch zeitlos, sie sind derb, dann wieder traurig, witzig

und kritisch in einem. Sie führen uns in die Werkstätten der Künstler ebenso wie in die Klöster, in Bürgerhäuser und an den Hof der Medici. In dieser Hinsicht sind Florenz und die Toskana sogar Rom überlegen, wo die Novelle als Kunstgattung und als Spiegel des Lebens nie die gleiche Bedeutung erlangte.

Zugegeben, diese kleinen Geschichten mögen nicht immer nach jedermanns Geschmack sein, sie haben manches Stirnrunzeln und manche Kritik ausgelöst, aber wir stehen ihnen heute freier und aufgeschlossener gegenüber als frühere Leser. Schon Jacob Burckhardt hatte die Bedeutung dieser Novellen als Spiegelbild der gesellschaftlichen und politischen Verhältnisse richtig erkannt und sie deshalb auch als Belege für seine „Kultur der Renaissance" herangezogen. Warum also sollen wir uns nicht ihrer Führung anvertrauen?

Die Reise beginnt mit Giovanni Boccaccio (1313-1375), dessen Einleitung zu den hundert Novellen des „Decamerone" ein so faszinierendes

Augenblicksbild aus dem Florenz des 14. Jahrhunderts zur Zeit des Schwarzen Todes gibt, sie führt gleich danach zu Franco Sacchetti (um 1330-1400), ebenfalls aus Florenz, der stärker noch in seinen Novellen das Alltagsleben im Florenz des Trecento beschreibt, oder zu Antonfrancesco Grazzini (1503-1584) mit seinen teilweise recht bösartigen Novellen, von denen einige zeitlos in der Zeichnung der Charaktere sind, wie jene Geschichte vom Benediktinerabt, der in San Lorenzo und der Biblioteca Laurenziana durch seine Verständnislosigkeit und Anmaßung Ärgernis erregte. Gerade bei den beiden Letztgenannten finden sich, wie schon Hanns Floerke, der einfühlsame Übersetzer, hervorhebt, „die meisten und farbigsten Bilder aus dem lustigen Künstlerleben der Arno-Stadt".

Die Reise geht weiter zu den Sienesen Pietro Fortini (gest. 1562) und Scipione Bargagli (gest. 1602) oder Giovanni Sercambi aus Lucca (1347-1427), und, nicht zu vergessen natürlich, zu dem großen unermüdlichen Biographen der Renaissancekünstler Giorgio Vasari (1511-1574). Der aus Arezzo stammende Maler und Architekt, von dem wir schon hörten, war mit vielen Künstlern seiner Zeit befreundet, und aus Begegnungen und Gesprächen entstanden die „Lebensgeschichten der hervorragendsten italienischen Architekten, Maler und Bildhauer", die erste Kunstgeschichte der Neuzeit.

Seine Biographien sind häufig Zeugnisse aus erster Hand, erwachsen aus der persönlichen Begegnung und aus sicherer Fachkenntnis, bringen aber auch viel anekdotisches Rankenwerk, sie zeichnen die Charaktere der einzelnen Künstler so lebendig und farbig, daß sie stellenweise den Künstlernovellen ähneln, von denen eben die Rede war. So ist es nicht zu verwundern, daß sie jahrhundertelang den Reisenden als Führer vor allem zur Kunst der Toskana dienten und mit gewissen Einschränkungen auch heute noch dienen können.

Zeitspuren – Kleine Geschichtschronik

7. Jh. v. Chr. Etrusker gründen in Mittelitalien ihre autonomen Städte.

4. Jh. v. Chr. Rom dehnt seinen Machtbereich auf Etrurien aus.

2. Jh. v. Chr. Wirtschaftlicher Niedergang der etruskischen Städte.

59 v. Chr. Cäsar gründet die Veteranenkolonie Florentina.

Um 768 Langobarden besetzen von Oberitalien aus kampflos die Toskana. Lucca wird ihre Herzogsresidenz.

774 Karl der Große erobert das Langobardenreich. Die Karolinger errichten danach die Markgrafschaft Tuszien, die später auf das Gebiet nördlich des Apennin erweitert wird.

Um 1021 Hildebrand in Sovana geboren. Er wird in Rom erzogen, lebt dann als Mönch im Kloster Cluny, kehrt 1049 wieder nach Rom zurück, wo er im Dienst der Kurie wichtige Aufgaben erledigt. 1073 wird er als Gregor VII. zum Papst gewählt. Als Haupt der kirchlichen Reformpartei strebt er eine Erneuerung der Kirche und die Vorherrschaft des Papsttums über die weltlichen Herrscher an. Das führt zum Investiturstreit und zur Auseinandersetzung mit dem deutschen König Heinrich IV. (Canossa 1077). Im Kampf gegen Heinrich wird er in Rom eingeschlossen. Die zur Hilfe gerufenen Normannen befreien ihn zwar, doch muß er mit ihnen nach Süden ins Exil gehen, wo er 1085 in Salerno stirbt.

1046 Mathilde, die Tochter des Markgrafen Bonifaz III. von Tuszien wahrscheinlich in San Miniato geboren. Sie ist eine treue Bundesgenossin Papst Gregors VII. Auf ihrer Burg Canossa leistet König Heinrich IV. 1077 Kirchenbuße. Etwa ein Jahr danach überträgt sie ihre weitläufigen Güter („Mathildische Güter") in Mittelitalien an die Römische Kirche, nur die großen Städte Florenz, Pisa, Siena und Lucca bleiben selbständig. Die Kaiser fechten diese Schenkung an. Mathilde stirbt 1115 und wird als eine der wenigen Frauen in der Peterskirche in Rom beigesetzt.

1060 Baubeginn des Baptisteriums in Florenz (vollendet 1128) und – bald danach – von S. Miniato al Monte.

1062 Seesieg Pisas über die Sarazenen. Pisa ist die mächtigste Stadt in der Toskana.

1063 Beginn des Dombaus in Pisa.

1082 Der deutsche König Heinrich IV. belagert vergeblich das papsttreue Florenz.

Ende 11. Jh. Toskanische Städte erlangen weitgehende Autonomie. Die Bürger wählen ihre obersten Beamten (Konsuln) selbst.

12. Jh. Conquista del contado. Die Städte dehnen ihren Einfluß auf das Umland aus und erobern sich Landgebiet (Contado). Im Streit zwischen Fiesole und Florenz um die Ausbildung eines Contado zerstört 1125 Florenz die Nachbarstadt und eignet sich deren Gebiet an.

1199 In Siena wird das Amt des Podestà, des rechtskundigen Bürgermeisters, eingeführt. Ihm wird ab 1152 ein für die Sicherheit der Stadt verantwortlicher Capitano del popolo zur Seite gestellt.

Nach 1200 Die Parteinamen Guelfen und Ghibellinen werden immer häufiger als Bezeichnung für die jeweiligen Anhänger der Päpste und der Kaiser verwendet.

1221 Der hl. Franziskus und der hl. Dominikus begegnen einander in Florenz im Hospiz San Paolo.

1246 Baubeginn der Kirche S. Maria Novella in Florenz als Kirche der Dominikaner.

Um 1250 Giovanni Pisano wird als Sohn des möglicherweise aus Apulien stammenden Niccolò in Pisa geboren. Er lernt bei seinem Vater; nachdem er an dessen Kanzel im Dom von Siena mitgearbeitet hat, schafft er selbst 1298-1303 für S. Andrea in Pistoia und 1302-1312 die große Kanzel für den Dom von Pisa. Seit 1284 ist er Dombaumeister in Siena und wird mit der Errichtung der Westfassade betraut. 1297 geht er als Dombaumeister nach Pisa. Er stirbt bald nach 1313 und wird in Siena begraben.

1252 Florenz beginnt mit der Prägung von Goldmünzen (Florenos oder Fiorino).

1265 Dante Alighieri als Sohn adliger Eltern in Florenz geboren. Über seine Jugend ist kaum etwas bekannt. 1285 faßt er eine tiefe Liebe zu einer jungen Florentinerin, die aber schon vermählt ist und 1290 stirbt. Sie geht als Beatrice in seine Dichtung ein. Er selbst heiratet 1296 Gemma de Donati. Nachdem er schon 1289 an einem Feldzug gegen Arezzo teilgenommen hat, bekleidet er seit 1295 verschiedene öffentliche Ämter und nimmt leidenschaftlich Anteil am politischen Leben der Vaterstadt. Als Anhänger der „Weißen Guelfen" muß er nach dem Sieg der „Schwarzen" 1301 seine Vaterstadt verlassen und wird sogar zum Tode verurteilt. Er verbringt sein weiteres Leben im Exil in einer Reihe oberitalienischer Städte. In dieser Zeit entsteht auch sein Hauptwerk, die „Divina Commedia", durch die er zu Recht zum größten Dichter Italiens wird. Wiederholt greift er in diesen Jahren in Schriften und Briefen in die Politik ein. Die letzte Zeit seines Lebens verbringt er in Ravenna, wo er 1321 stirbt und begraben wird.

Um 1266 Giotto di Bondone wird in Colle di Vespignano bei Florenz geboren. Er arbeitet in Florenz, Assisi, Rom und anderen italienischen Städten. Zu seinen künstlerischen Hauptwerken zählen Fresken in Assisi und in Padua. In Florenz malt er zwischen 1320 und 1328 die Freskenzyklen in der Bardi- und der Peruzzikapelle in S. Croce. Seit 1334 ist er Dombaumeister in Florenz und entwirft den Campanile.

1260 Bei Montaperti gelingt es den Bürgern von Siena, das überlegene Heer der Florentiner zu besiegen. Eine Zerstörung von Florenz, wie sie die ghibellinischen Führer fordern, wird durch das mutige Eintreten von Farina degli Uberti verhindert.

1269 Siena wird in der Schlacht bei Colle di Val d'Elsa durch Florenz besiegt. Salvani, der Sieger von Montaperti, wird gefangengenommen und hingerichtet. Die Führer der Ghibellinen müssen auswandern und gehen nach Arezzo.

1281 Castruccio Castracani wird in Castrucco bei Lucca geboren. Er kämpft später als Söldnerführer in verschiedenen Diensten, bis er 1316 die Herrschaft über Lucca gewinnt. Er schließt sich Kaiser Ludwig dem Bayern an und erhält das Reichsvikariat über Teile der Toskana. Später kommt es zu Spannungen mit dem Kaiser. Er stirbt 1328. Nach seinem Tode wird den Söhnen der väterliche Besitz entzogen.

1282 Prato wird Sitz der guelfischen Liga.

1282 Florenz erhält eine neue Verfassung, in der die Zünfte das politische Übergewicht erhalten. Nur die „niederen Zünfte" (Weinhändler, Gastwirte, Ölhändler, Bäcker, Schlosser, Gerber, Waffenschmiede, Altwarenhändler) sind noch ausgeschlossen.

1284 In der Seeschlacht bei Meliora in der Nähe von Livorno wird die Flotte Pisas von Genua vernichtend geschlagen. Über 20.000 Pisaner finden dabei den Tod. Damit setzt der Niedergang der pisanischen Seemacht ein.

1284 Florenz baut seine dritte Stadtmauer, die 1333 vollendet wird.

1287 In Siena wird der Consiglio dei Noveschi (Neunerrat) eingerichtet, der bis 1355 besteht. Ihm gehören nur wohlhabende Kaufleute der guelfischen Partei an. Seine Regierung bringt eine Zeit der Ruhe und des Wohlstandes für Siena.

1289 In der Schlacht bei Campaldino, in der auch Dante mitkämpft, wird Arezzo von Florenz besiegt.

1294 Baubeginn des Domes S. Maria del Fiore in Florenz nach den Plänen von Arnolfo di Cambio. Die Weihe des neuen Domes erfolgt erst 1436 durch Papst Eugen IV.

1299 Bau des Palazzo Vecchio, der in seinem Kern schon 1314 vollendet wird.

1304 Francesco Petrarca als Sohn eines aus Florenz verbannten Notars in Arezzo geboren. Er lebt vor allem in Südfrankreich, unternimmt aber auch größere Reisen. Petrarca gilt als der bedeutendste italienische Humanist und Dichter des 14. Jahrhunderts. Er stirbt 1374 in Arqua bei Padua.

1311 Duccio vollendet die Maestà (eine Mariendarstellung) für den Dom von Siena.

1313 Giovanni Boccaccio als Sohn eines Florentiner Kaufmanns wahrscheinlich in Certaldo geboren. Er soll wie der Vater Kaufmann werden, studiert dann aber Rechtswissenschaften, lebt in Neapel, Ravenna, Forli, dann in seiner Vaterstadt Florenz, wo er Verwaltungsaufgaben übernimmt. 1373 überträgt man dem humanistisch hochgebildeten Mann den ersten öffentlichen Lehrstuhl zur Erklärung von Dantes „Divina Commedia". Sein bedeutendstes literarisches Werk wird das 1348-53 entstandene „Decamerone", eine Sammlung von 100 Novellen, mit denen er die italienische Kunstprosa nachhaltig beeinflußt und die wegen ihrer weltoffenen, farbenfrohen Erzählweise bis heute hochgeschätzt wird. Er stirbt 1375 in Certaldo.

1313 Um sich vor Lucca und Florenz zu schützen, begibt sich Prato unter die Signoria der Anjou von Neapel, die diese Stadtherrschaft 1351 für 17.000 Gulden an Florenz verkaufen.

1313 Kaiser Heinrich VII. stirbt in Buonconvento bei Siena und wird im Dom zu Pisa beigesetzt.

1315 Pistoia kommt unter die Herrschaft Castruccios und ab 1324 unter das Protektorat von Florenz.

1342 Gualtieri di Brienne, Herzog von Athen, gewinnt die Signoria über Florenz, kann sie aber nur ein Jahr behalten und verläßt 1343 wieder die Stadt.

1346 Der Zusammenbruch der Bankhäuser Bardi und Peruzzi führt in Florenz zu einer schweren wirtschaftlichen Krise.

Um 1347 Katherina (Caterina) Benincasa wird als Tochter eines Wollwebers in Siena geboren. Sie tritt dem Orden der Bußschwestern vom hl. Dominikus bei und gewinnt durch ihre Visionen großen Einfluß auf kirchliche und weltliche Würdenträger, die ihren Rat allgemein schätzen. So bewegt sie 1377 Papst Gregor XI. zur Rückkehr von Avignon nach Rom. Sie stirbt schon 1380 in Rom, wird zur Schutzheiligen des Dominikanerordens und der Stadt Siena und 1939 neben Franz von Assisi zur Patronin Italiens erwählt.

1348 Die Pest wütet in der Toskana und fordert vor allem in den Städten zahlreiche Opfer.

1354 San Gimignano fällt an Florenz, sieben Jahre danach auch Volterra.

1369 Lucca erhält durch Kaiser Karl IV. seine Freiheiten zurück.

1374 Bau der Loggia dei Lanzi in Florenz.

1376 Filippo Brunelleschi in Florenz geboren. Er lernt das Goldschmiedehandwerk, wendet sich dann aber der Baukunst zu. Eine Reihe wichtiger Bauten in Florenz entstehen nach seinen Entwürfen, so das Findelhaus (1418), sowie die Kirchen S. Lorenzo (1420) und S. Spirito (1434). Zu seinen schönsten Werken zählt die Pazzi-Kapelle (1429). Seine bedeutendste Leistung aber ist die Domkuppel, die er zwischen 1417 und 1436 fertigstellt. Er stirbt 1476 in Florenz.

1378 Die sozialen Spannungen in Florenz erleben im Aufstand der Ciompi – der Wollkämmerer – einen Höhepunkt.

1378 Lorenzo Ghiberti in Florenz geboren. Er erlernt die Goldschmiedekunst, ist dann aber auch als Maler tätig. Von 1403-1424 arbeitet er an der zweiten Bronzetür des Baptisteriums in Florenz, 1425-52 an der dritten Tür, die schon von Michelangelo „Paradiestür" genannt wird. Gestorben 1455 in Florenz.

1380 Bernhardino degli Albizeschi als Sproß einer Adelsfamilie in Massa Carara geboren. Er tritt in den Franziskanerorden ein und zieht fast 40 Jahre lang predigend durch Italien. Bernhardino ist einer der bedeutendsten Prediger seiner Zeit und versteht es, wie nur wenige, seine Zuhörer durch die Kraft seiner Worte mitzureißen und zu überzeugen. Gestorben 1444 in L'Aquila.

1386 Donato di Niccolò di Betto Bardi, genannt Donatello, in Florenz geboren (vielleicht auch schon 1382). Er arbeitet in seiner Jugend vorwiegend in Florenz, wo er eine Reihe wichtiger Standbilder schafft, so die Figuren für das Mauertabernakel von Orsanmichele; zwischen 1423 und 1427 entstehen Bronzeplastiken in Siena und Orvieto, danach arbeitete er in Prato und Venedig, gegen Ende seines Lebens wieder in der Toskana. Er stirbt 1466 in Florenz. Donatello gilt als der bedeutendste italienische Bildhauer der Frührenaissance.

1389 Cosimo der Alte aus dem Hause Medici geboren. Er ist gleichermaßen Kaufmann, Bankier und Politiker. Da er zunehmend Einfluß in Florenz gewinnt, wird er 1433 aus der Stadt verbannt, darf aber schon ein Jahr später wieder zurückkehren und übernimmt 1434 das Amt des Gonfaloniere, also des Stadtoberhauptes, und behält es 30 Jahre lang bis zu seinem Tode 1464.

Um 1400 Guido di Peri, als Mönch Fra Giovanni, genannt Fra Angelico, im Mughello geboren. Er tritt als junger Mann in den Dominkanerorden in Fiesole ein, geht dann zeitweilig nach Florenz, wo er als Maler im Kloster S. Marco arbeitet und hier seine wohl berühmtesten Werke schafft. Seine Kunst ist dabei ganz auf das Religiöse ausgerichtet. Nach Aufenthalten in Orvieto und Rom kehrt er nach Fiesole zurück, wo er Prior des Klosters wird. Er stirbt 1455 während erneuter Arbeiten in Rom.

1401 Tommaso di Giovanni di Simone Guidi, genannt Masaccio, wird in San Giovanni Valdarno geboren. Von 1422 an arbeitet er in Florenz, 1424 beginnt er mit den Fresken in der Brancacci-Kapelle in S. Maria del Carmine, durch die er zum Begründer der Renaissancemalerei wird. Gestorben 1428 in Florenz.

1405 Enea Silvio Piccolomini in Corsignano, dem späteren Pienza, geboren. Er tritt als Publizist und Dichter hervor, wird dann Sekretär Papst Felix' V. und danach Kaiser Friedrichs III., für den er wichtige Aufgaben übernimmt. Dann schlägt er die geistliche Laufbahn ein, wird schon 1447 Bischof von Trient, drei Jahre später von Siena, 1456 Kardinal und 1458 als Pius II. Papst. Er stirbt 1464 in Ancona.

1406 Die Visconti von Mailand treten die Stadtherrschaft über Pisa, die sie nur ein Jahr innehatten, an Florenz ab. Pisa verschließt sich aber der alten Gegnerin, wird ausgehungert und schließlich besetzt.

1409 Konzil von Pisa. Um die Kirchenspaltung zu beenden, werden die Päpste Benedikt XIII. und Gregor XII. für abgesetzt erklärt und das Konzil wählt Alexander V. Da die beiden anderen Päpste aber nicht zurücktreten, ist das Schisma mit nunmehr drei Päpsten nur noch schlimmer geworden.

Um 1420 Benozzo di Lese di Sandro, genannt Gozzoli, in Florenz geboren. Er ist Schüler Fra Angelicos, arbeitet in Umbrien, Rom und der Toskana. Von seiner Hand stammt der „Zug der Heiligen Drei Könige" in der Kapelle des Palazzo Medici in Florenz (1459-63) und die Szenen aus dem Leben des hl. Augustinus in S. Agostino in San Gimignano (1463-67). Gestorben 1497 in Pistoia.

Um 1420 Piero della Francesca in Borgo San Sepolcro geboren. Er wirkt als Maler in Urbino, Ferrara und Rom. In Arezzo schafft er zwischen 1452 und 1465 den Freskenzyklus der Legende des hl. Kreuzes in S. Francesco. Er gilt als einer der bedeutendsten Maler der Frührenaissance. Gestorben 1492 in seinem Geburtsort.

1421 Da der Hafen von Pisa zunehmend verlandet ist, kaufen die Florentiner Livorno als neuen Hafen von den Genuesen.

1444 Alessandro di Mariano Filipepi, genannt Sandro Botticelli, in Florenz geboren. Er ist eigentlich Goldschmied, lernt dann bei dem Maler Filippo Lippi und erlangt Berühmtheit mit seinen allegorisch-mythologischen Darstellungen. Seine bedeutendsten Bilder, zu denen „Die Geburt der Venus" und „Der Frühling" gehören, befinden sich heute in den Uffizien. In seinen späteren Jahren gehört er zu den Anhängern Savonarolas, unter dessen Einfluß er einige seiner Bilder verbrennt. Er stirbt 1510 in Florenz.

1449 Lorenzo Medici in Florenz geboren. Er erhält schon als junger Mann den Beinamen „Der Prächtige". Mit 16 Jahren vertritt er seinen gichtkranken Vater Piero bei Regierungsgeschäften. Nach dessen Tod 1469 geht die Regierung von Florenz auf ihn über. Trotz seiner hohen Belastung als Politiker und Bankier findet er stets Zeit für die Pflege und Förderung der Künste und Wissenschaften, so daß seine Regierung zu den Glanzzeiten des Hauses Medici gehört. Er stirbt 1492.

1451 Amerigo Vespucci in Florenz geboren. Zwischen 1497 und 1500 unternimmt er in spanischen Diensten und 1501-1504 in portugiesischen Diensten mehrere Seereisen nach Mittel- und Südamerika. In seinen Veröffentlichungen äußert er die Ansicht, hier einen neuen Kontinent erreicht zu haben. Deshalb benennt der deutsche Geograph Waldseemüller das von ihm bereiste Gebiet „America", der neue Name wird aber rasch auf den gesamten Kontinent übertragen. Er stirbt 1512 in Sevilla.

1452 Girolamo Savonarola in Ferrara geboren. Er tritt in den Dominkanerorden ein und kommt 1484 nach Florenz in das Kloster S. Marco, dessen Prior er 1491 wird. Von hier aus betreibt er eine Reform der Kirche, bemüht sich aber auch um die politische Neuordnung in Florenz. 1494 beteiligt und errichtet ein sittenstrenges Stadtregiment in Form einer theokratischen gefärbten Demokratie. Sein kompromißloses Verhalten bringt ihn auch in Konflikte mit Papst Alexander VI. Seine Gegner erzwingen schließlich seine Exkommunikation, Verhaftung und Verurteilung als Ketzer. Er wird 1498 in Florenz gehängt und danach verbrannt.

1452 Leonardo da Vinci in Anchiano bei Vinci als Sohn eines Florentiner Notars und eines Bauernmädchens geboren. Mit 15 Jahren kommt er nach Florenz zu einem Maler in die Lehre. Hier arbeitet er bis 1481, dann beginnt sein Wanderleben, die ihn zuerst in die Dienste des Herzogs Lodovico von Mailand führt. In den zwanzig Jahren, die er in Mailand verbringt, entstehen eine Reihe berühmter Gemälde, aber er beginnt hier auch mit seinen wissenschaftlichen und technischen Studien. 1500 kehrt er wieder nach Florenz zurück, um dann 1502 Festungsbaumeister bei Cesare Borgia zu werden. 1503/04 erhält er den Auftrag, im Palazzo Vecchio in Florenz ein monumentales Wandgemälde der Schlacht von Anghiari zu schaffen, das aber nicht ausgeführt wird. In dieser Zeit entsteht auch sein Bild der Mona Lisa. 1506 geht Leonardo wieder nach Mailand, 1513 wird er von Papst Leo X. nach Rom berufen und 1517 folgt er einer Einladung des französischen Königs Franz I. nach Amboise, wo er auf Schloß Cloux 1519 stirbt.

1469 Niccolò Macchiavelli in Florenz geboren. Selbst aus einer Beamtenfamilie stammend, tritt er schon als junger Mann in die Dienste

der Vaterstadt und übernimmt das Amt eines Sekretärs und Diplomaten. Dabei erweist er sich als fähiger und vor allem auch sehr guter Beobachter. 1506 wird auf seinen Rat hin die Stadtmiliz in Florenz geschaffen. Die Rückkehr der Medici beendet seine Beamtenkarriere. Von da an lebt er zurückgezogen seinen schriftstellerischen Arbeiten. 1513 entsteht „Der Fürst" jenes Werk, das ihn berühmt macht. Sein Bemühen um die Gunst der Medici bleibt weitgehend erfolglos. Er stirbt 1527 in seiner Heimatstadt.

1475 Giovanni als Sohn Lorenzos des Prächtigen in Florenz geboren. Mit 14 Jahren wird er Kardinal. 1513 besteigt er als Leo X. den Stuhl Petri. Er gilt als kühler und skrupelloser Machtpolitiker, zugleich ist er aber auch ein ungemein vergnügungssüchtiger Mann und Förderer der Künste. Seine verfehlte Kirchenpolitik fördert die Ausbreitung der Reformation in Deutschland. Gestorben 1521.

1475 Michelangelo Buonarotti in Caprese (Casentino) geboren. Er wächst in Florenz auf und lernt in der Werkstatt Ghirlandaios. Lorenzo Medici unterstützt den fünfzehnjährigen und zieht ihn in sein Haus. Nach einem Aufenthalt in Rom schafft er 1501–04 in Florenz das Kolossalstandbild den „David". 1505 wird er von Papst Julius II. nach Rom gerufen. Hier entstehen seine bedeutendsten Werke. 1508 bis 1512 malt er das Deckenfresko in der Sixtinischen Kapelle in Rom. 1521 beginnt er in Florenz mit den Arbeiten an der Grabkapelle der Medici, 1524 mit den Vorarbeiten für die Biblioteca Laurenziana. 1534 kehrt er endgültig nach Rom zurück, wo er mit der Altarwand der Sixtina beginnt und das Julius-Grab vollendet. 1547 wird er Baumeister an der Peterskirche, an deren Kuppel er arbeitet. 1564 stirbt er in Rom.

1478 In der „Verschwörung der Pazzi" wird Giuliano Medici ermordet, während der Anschlag auf seinen Bruder Lorenzo den Prächtigen mißlingt.

1478 Guilio als unehelicher Sohn Giuliano Medicis in Florenz geboren. Er wird nach der Ermordung des Vaters in der Familie Medici aufgezogen, erhält 1523 die Kardinalswürde und wird 1523 als Klemens VII. Papst. Gestorben 1534

in Rom.

1494 Die Medici werden aus Florenz vertrieben. Sie kehren 1512 in die Stadt zurück.

1500 Benvenuto Cellini in Florenz geboren. Hier lernt er bei einem Goldschmied, geht dann nach Siena, Pisa und Rom, zweimal auch nach Frankreich, wo er zwischen 1540 bis 45 am Hofe des französischen Königs arbeitet. Danach tritt er in die Dienste Cosimos I. in Florenz. Hier fertigt er 1554 die Bronzestatue des Perseus in Loggia dei Lanzi. Leider sind die meisten seiner Gold- und Silberschmiedearbeiten heute verschollen. Erhalten aber blieb seine ungemein lebendige Autobiographie, die erstmals von Goethe ins Deutsche übertragen wurde. Er stirbt 1571 in Florenz.

1502 Pandolfo Petrucci, ein Bürger aus Siena, gewinnt die Macht über die Stadt. Er beherrscht sie bis zu seinem Tode 1512.

1511 Giorgio Vasari in Arezzo geboren. Er tritt sowohl als Maler und Bildhauer wie als Architekt hervor und baut 1560 die Uffizien in Florenz. 1550 veröffentlicht er eine Sammlung von Lebensbeschreibungen berühmter italienischer Künstler, die heute noch eine interessante und wichtige Quelle für die Kunstgeschichte ist. Er stirbt 1574 in Florenz.

1519 Cosimo aus der jüngeren Linie der Medici in Florenz geboren. Schon als Siebzehnjähriger nutzt er die unsichere politische Lage in der Vaterstadt aus und reißt die Macht an sich. Er erweist sich als ebenso hervorragender wie energischer Politiker, aber auch als großzügiger Förderer der Künste. 1570 wird er vom Papst in Rom zum Großherzog der Toskana gekrönt. Damit beginnt der letzte Abschnitt der Geschichte der Medici.

1555 Nach der Belagerung durch die Truppen Kaiser Karls V. und des Großherzogs Cosimo I. ergibt sich Siena und wird 1557 dem Großherzogtum Toskana einverleibt.

1564 Galileo Galilei in Pisa geboren. Hier studiert er auch an der Universität und erhält als fünfundzwanzigjähriger eine Professur für Mathematik. 1592 wechselt er an die Universität Padua, wo ihm eine Reihe wichtiger astronomischer Entdeckungen gelingen. 1610 tritt er als Hofmathematiker und Hofphilosoph in die Dienste der Medici. Wegen seines eifrigen Eintretens

für das Kopernikanische System wird er 1614 erstmals von kirchlichen Behörden verwarnt. Die Auseinandersetzungen mit ihnen ziehen sich dann Jahrzehnte hin. In dieser Zeit veröffentlicht er wichtige Schriften wie den „Saggiatore" und den „Dialogo". Ein Prozeß vor der Inquisition endet 1633 damit, daß Galilei zwar abschwört, aber trotzdem zu unbeschränkter Haft verurteilt wird, die er in seinem Landhaus in Arcetri bei Florenz verbringen darf. Hier veröffentlicht er noch wichtige naturwissenschaftliche Werke. Zunehmend erblindet, stirbt der große streitbare Naturwissenschaftler 1642 in Arcetri.

1577 Der Ausbau des Hafens von Livorno wird begonnen.

1637 Das Großherzogtum Toskana fällt nach dem Aussterben der Medici an Franz Stephan von Lothringen. Damit beginnt die Herrschaft des Hauses Lothringen-Habsburg, die 122 Jahre dauert.

1747 Peter Leopold wird in Schönbrunn als Sohn Maria Theresias und Kaiser Franz' I. geboren. Nach dem Tode des Vaters übernimmt er 1765 die Herrschaft im Großherzogtum Toskana, um das er sich im Gegensatz zum Vater sehr intensiv kümmert. Als Großherzog Pietro Leopoldo führt er eine Reihe wichtiger Reformen durch, die allerdings nicht immer auf die Zustimmung seiner Untertanen stoßen. Nach dem Tode seines älteren Bruders Joseph II. wird er 1790 als Leopold II. Römisch-deutscher Kaiser. Seine Nachfolge in der Toskana übernimmt sein Sohn Ferdinand III. (geboren 1769).

1799 Die Republik Lucca wird von Napoleon in ein Fürstentum umgewandelt und seiner Schwester Elisa übertragen.

1847 Das Fürstentum Lucca wird an das Großherzogtum Toskana abgetreten.

1859 Eine unblutige Volkserhebung zwingt Großherzog Leopold II. zum Verlassen der Toskana und zur Abdankung. Damit endet die Herrschaft des Hauses Lothringen-Habsburg in der Toskana.

1860 Nach einer Vereinbarung des Grafen Cavour mit Napoleon III. fällt das Großherzogtum Toskana an das Königreich Piemont.

1875 Die Hauptstadt des geeinten Italiens wird von Turin nach Florenz verlegt (bis 1870), dann wird Rom Hauptstadt.